Tributação setorial

volume 1

Central de Qualidade — FGV Management
ouvidoria@fgv.br

PUBLICAÇÕES
FGV Management

SÉRIE DIREITO TRIBUTÁRIO

Tributação setorial

volume 1

Sérgio Guerra
Joaquim Falcão
Rafael Almeida
Organizadores

FGV | DIREITO RIO
EDITORA
IDE

Direitos desta edição reservados à
EDITORA FGV
Rua Jornalista Orlando Dantas, 37
22231-010 | Rio de Janeiro, RJ | Brasil
Tels.: 0800-021-7777 | 21-3799-4427
Fax: 21-3799-4430
editora@fgv.br | pedidoseditora@fgv.br
www.fgv.br/editora

Impresso no Brasil | *Printed in Brazil*

1ª edição – 2018

Preparação de originais: Sandra Frank
Editoração eletrônica: FA Studio
Revisão: Aleidis de Beltran | Fatima Caroni
Capa: aspecto:design

Ficha catalográfica elaborada pela
Biblioteca Mario Henrique Simonsen/FGV

Tributação setorial, v.1 / Organizadores: Sérgio Guerra, Joaquim Falcão, Rafael Almeida. – Rio de Janeiro : FGV Editora, 2018.
196 p. — (Direito tributário (FGV Management))

Publicações FGV Management.
Inclui bibliografia.
ISBN: 978-85-225-2003-9

1. Direito tributário. 2. Direito de minas. 3. Direito financeiro. 4. Direito imobiliário. I. Guerra, Sérgio, 1964- . II. Falcão, Joaquim, 1943- . III. Almeida, Rafael. IV. Fundação Getulio Vargas. V. FGV Management. VI. Série.

CDD – 341.39

Nossa missão é construir uma Escola de Direito referência no Brasil em carreiras públicas e direito empresarial, formando lideranças para pensar o Brasil no longo prazo e ser referência no ensino e na pesquisa jurídica para auxiliar o desenvolvimento e o avanço do país.

FGV DIREITO RIO

Sumário

Apresentação

Aliada à credibilidade de mais de meio século de excelência no ensino de economia, administração e de outras disciplinas ligadas à atuação pública e privada, a Escola de Direito do Rio de Janeiro da Fundação Getulio Vargas – FGV DIREITO RIO – iniciou suas atividades em julho de 2002. A criação dessa nova escola é uma estratégia da FGV para oferecer ao país um novo modelo de ensino jurídico capaz de formar lideranças de destaque na advocacia e nas carreiras públicas.

A FGV DIREITO RIO desenvolveu um cuidadoso plano pedagógico para seu Programa de Educação Continuada, contemplando cursos de pós-graduação e de extensão. O programa surge como valorosa resposta à crise do ensino jurídico observada no Brasil nas últimas décadas, que se expressa pela incompatibilidade entre as práticas tradicionais de ensino do direito e as demandas de uma sociedade desenvolvida.

Em seu plano, a FGV DIREITO RIO assume o papel de formar profissionais preparados para atender às reais necessidades e expectativas da sociedade brasileira em tempos de globalização. Seus cursos reforçam o comprometimento da escola em inserir no mercado profissionais de direito capazes de lidar com áreas interdisciplinares, dotados de uma visão ampla das questões jurídicas e com sólidas bases acadêmica e prática.

A Série Direito Tributário é um importante instrumento para difusão do pensamento e do tratamento dado às modernas teses e questões discutidas nas salas de aula dos cursos de MBA e de pós-graduação, focados no direito tributário, desenvolvidos pela FGV DIREITO RIO.

Dessa forma, esperamos oferecer a estudantes e advogados um material de estudo que possa efetivamente contribuir para seu cotidiano profissional.

Introdução

Este volume, dedicado ao estudo da tributação setorial, tem origem em profunda pesquisa e sistemática consolidação dos materiais de aula acerca de temas que despertam crescente interesse no meio jurídico e reclamam mais atenção dos estudiosos do direito. A intenção da FGV DIREITO RIO é tratar de questões atuais sobre o tema, aliando a dogmática e a pragmática jurídicas.

A obra trata, de forma didática e clara, dos conceitos e princípios da tributação sobre patrimônio, analisando as questões em face das condições econômicas do desenvolvimento do país e das discussões recentes sobre o processo de reforma do Estado.

O material aqui apresentado abrangerá assuntos relevantes, como:

1) setor financeiro;
2) setor mineral;
3) setor imobiliário.

Em conformidade com a metodologia da FGV DIREITO RIO, cada capítulo conta com o estudo de *leading cases* para auxiliar na compreensão dos temas. Com ênfase em casos práticos, pretendemos oferecer uma análise dinâmica e crítica das normas vigentes e sua interpretação.

Esperamos, assim, fornecer o instrumental técnico-jurídico para os profissionais com atuação ou interesse na área, visando fomentar a proposição de soluções criativas para problemas normalmente enfrentados.

1 Setor financeiro

Roteiro de estudo

Sistema financeiro nacional

A fim de que se possa conceituar com precisão o sistema financeiro nacional, é necessário entender o funcionamento do mercado financeiro.

Mercado financeiro é o mercado da intermediação bancária, caracterizado pela interposição de entidades financeiras entre *poupadores* e *tomadores*.[1]

Dentro de um mercado, assim entendido como a combinação da oferta e da demanda que reúne vendedores e compradores de determinados bens econômicos,[2] há aqueles que poupam recursos (dinheiro) acreditando que, deixando de consumir

---

[1] QUIROGA, Roberto Mosquera. *Tributação no mercado financeiro e de capitais*. São Paulo: Dialética, 1999. p. 19.

[2] OLIVEIRA, Marcos Cavalcante de. *Moeda, juros e instituições financeiras*: regime jurídico. Rio de Janeiro: Forense, 2009. p. 16.

naquele momento, terão maiores benefícios no futuro. São conhecidos como *poupadores*.

Os poupadores são, portanto, agentes econômicos superavitários dispostos a transformar suas disponibilidades monetárias em ativos financeiros. Estão dispostos a emprestar o que "sobra" da sua renda em troca de alguma remuneração.

Em um mercado, há também os agentes econômicos deficitários, que não deixaram de consumir e, por isso, não pouparam recursos. Para que esses agentes possam continuar consumindo, deverão se sujeitar a financiar seu déficit ao custo do mercado. São esses agentes que, por necessitarem de mais recursos do que sua renda oferece, terão de se utilizar dos recursos poupados por terceiros para custear seu próprio consumo, dispondo-se a pagar juros por esses recursos. Esses são os *tomadores*.

Embora o encontro entre poupadores e tomadores possa ocorrer de maneira autônoma, é papel dos intermediários financeiros aproximar os dois segmentos, facilitando o encontro entre a poupança e a necessidade de financiamento. A essa facilitação, chamamos *intermediação financeira*.

A intermediação financeira é o processo pelo qual tomadores e poupadores de recursos encontram-se em um ambiente organizado, fiscalizado e controlado por vários órgãos, que visam ao seu perfeito funcionamento.

Por sua vez, o conjunto de instituições dedicadas a propiciar condições favoráveis para manutenção do fluxo de recurso entre poupadores e tomadores, no país, é chamado de *sistema financeiro nacional* (SFN).

Intermediários financeiros compõem o SFN e se dedicam, de alguma forma, a propiciar condições satisfatórias para a manutenção do fluxo de recursos entre poupadores e tomadores, tornando possível o financiamento e o crescimento da economia.

Figura 1
Sistema financeiro nacional (SFN)

Estrutura

O SFN é dividido em dois subsistemas: o subsistema normativo e o subsistema de intermediação.

Subsistema normativo

Os órgãos que compõem o subsistema normativo têm a função de regulamentar e fiscalizar o mercado financeiro. São suas principais instituições:

1) *Conselho Monetário Nacional* (CMN). Órgão deliberativo máximo do sistema financeiro nacional ao qual competem as seguintes funções: estabelecer as diretrizes gerais das políticas monetária, cambial e creditícia; regular as condições de constituição, funcionamento e fiscalização das instituições financeiras; e disciplinar os instrumentos de política monetária e cambial. O CMN é composto pelos seguintes membros:
    - ministro da Fazenda (presidente);
    - ministro do Planejamento, Orçamento e Gestão;
    - presidente do Banco Central do Brasil (Bacen).
2) *Banco Central do Brasil* (Bacen). Com sede em Brasília, é a entidade criada para atuar como órgão executivo central do sistema financeiro, cabendo-lhe a responsabilidade de cumprir e fazer cumprir as disposições que regulam o funcionamento do sistema e as normas expedidas pelo CMN.

Seus objetivos são: zelar pela adequada liquidez da economia; manter as reservas internacionais em nível adequado; estimular a formação de poupança; zelar pela estabilidade e promover o permanente aperfeiçoamento do sistema financeiro.

Entre as atribuições de competência privativa do Bacen, destacam-se: emitir papel-moeda e moeda metálica, nos limites do CMN; executar serviços do meio circulante; e receber recolhimentos compulsórios e voluntários das instituições financeiras e bancárias, entre outras.

3) *Comissão de Valores Mobiliários* (CVM). Autarquia vinculada ao Ministério da Fazenda, responsável por regulamentar, desenvolver, controlar e fiscalizar o mercado de valores mobiliários do país, promovendo medidas incentivadoras da canalização da poupança para o mercado de capitais. Atua sob a orientação do CMN.

   Sua finalidade é normatizar e fiscalizar o mercado de valores mobiliários, ou seja, os ativos emitidos pelas sociedades anônimas e autorizados pelo CMN.

   Sobre valores mobiliários, é importante mencionar que a Lei nº 6.385/1976, em seu art. 2º, IX, resume o conceito de valor mobiliário como sendo quaisquer outros títulos ou contratos de investimento coletivo, ofertados publicamente, "que gerem direito de participação, de parceria ou de remuneração, inclusive resultante de prestação de serviços, cujos rendimentos advêm do esforço do empreendedor ou de terceiros".[3]

[3] Lei nº 6.385/1976: "Art. 2º. São valores mobiliários sujeitos ao regime desta Lei: I - as ações, debêntures e bônus de subscrição; II - os cupons, direitos, recibos de subscrição e certificados de desdobramento relativos aos valores mobiliários referidos no inciso II; III - os certificados de depósito de valores mobiliários; IV - as cédulas de debêntures; V - as cotas de fundos de investimento em valores mobiliários ou de clubes de investimento em quaisquer ativos; VI - as notas comerciais; VII - os contratos futuros, de opções e outros derivativos, cujos ativos subjacentes sejam valores mobiliários; VIII - outros contratos derivativos, independentemente dos ativos subjacentes; e IX - quando ofertados publicamente, quaisquer outros títulos ou contratos de investimento coletivo, que gerem

Subsistema de intermediação e instituições auxiliares

Esse subsistema é constituído pelos intermediários financeiros, que são as instituições que têm como finalidade aproximar poupadores e tomadores, recebendo recursos poupados e repassando-os aos tomadores.

Além dos intermediários financeiros, fazem parte desse subsistema do SFN as instituições auxiliares, que têm como escopo auxiliar a fluidez e desenvolvimentos do sistema, como as bolsas de valores e de mercadorias e futuro.

Principais intermediários financeiros

1) *Bancos comerciais*. São instituições financeiras, privadas ou públicas, cujo objetivo principal é proporcionar suprimento de recursos necessários para financiar, em curto e médio prazos, os participantes do mercado, como os setores do comércio, da indústria, as empresas prestadoras de serviços e as próprias pessoas físicas, consumidoras finais dos bens produzidos e dos serviços prestados.

   A atividade típica do banco comercial é a captação de depósitos à vista, os quais podem ser livremente movimentados por seus depositários, sendo também possível aos bancos comerciais captar depósitos a prazo.

   Outras típicas operações de banco comercial são o desconto de títulos, a abertura de linhas de crédito e a captação de recursos externos para repasse.

   O banco comercial deve ser constituído sob a forma de sociedade anônima, e em sua denominação social deve constar

direito de participação, de parceria ou de remuneração, inclusive resultante de prestação de serviços, cujos rendimentos advêm do esforço do empreendedor ou de terceiros".

a expressão "Banco", nos termos do que dispõe a Resolução CMN nº 2.099, de 17 de agosto de 1994.

2) *Bancos de investimento.* São instituições financeiras privadas especializadas em operações de participação societária de caráter temporário, de financiamento da atividade produtiva para suprimento de capital fixo e de giro, e de administração de recursos de terceiros.

   Embora não disponham de contas-correntes, sendo impossibilitados de receber depósitos à vista, os bancos de investimento captam recursos por meio de depósitos a prazo, repasses de recursos externos ou internos ou por meio da venda de cotas de fundos de investimento por eles administrados.

   Suas principais operações ativas são financiamento de capital de giro e capital fixo, subscrição ou aquisição de títulos e valores mobiliários, depósitos interfinanceiros e repasses de empréstimos externos (Resolução CMN nº 2.624, de 29 de julho de 1999). Suas principais atividades são: *underwriting* de ações e debêntures (o processo de lançamento de ações ou debêntures no mercado); estruturação de securitização de recebíveis (que é a transformação de valores a receber e créditos de empresas em títulos negociáveis no mercado); serviços de custódia; repasses de recursos oficiais de crédito provenientes do BNDES etc.

   O banco de investimento deve ser constituído sob a forma de sociedade anônima e, em sua denominação social, deve constar a expressão "Banco de Investimento", nos termos do que dispõe a Resolução CMN nº 2.624/1999.

3) *Bancos múltiplos.* São instituições financeiras, privadas ou públicas, que realizam as operações ativas, passivas e acessórias das diversas instituições financeiras. A capacidade de os bancos múltiplos realizarem diversas modalidades de operações financeiras é decorrência da possibilidade de

operar mais de uma das seguintes carteiras: comercial, de investimento e/ou de desenvolvimento, de crédito imobiliário, de arrendamento mercantil e de crédito, financiamento e investimento.

O banco múltiplo deve ser constituído com, no mínimo, duas carteiras, sendo uma delas, obrigatoriamente, comercial ou de investimento, e ser organizado na forma de sociedade anônima. As instituições com carteira comercial podem captar depósitos à vista. Em sua denominação social deve constar a expressão "Banco", nos termos do que dispõe a Resolução CMN nº 2.099, de 17 de agosto de 1994.

Demais intermediários, auxiliares financeiros e participantes do mercado

1) *Bolsa de Valores, Mercadorias e Futuros* (BM&FBovespa S.A.). Criada em 2008 com a integração entre a Bolsa de Mercadorias & Futuros (BM&F) e a Bolsa de Valores de São Paulo (Bovespa). Juntas, as companhias formam a terceira maior bolsa do mundo em valor de mercado, a segunda das Américas e a líder no continente latino-americano.

   A BM&FBovespa é uma companhia que administra os mercados organizados de títulos, valores mobiliários e contratos derivativos.

   Além disso, presta serviços de registro, compensação e liquidação, atuando principalmente como contraparte central garantidora da liquidação financeira das operações realizadas em seus ambientes.
2) *Mercado de balcão*. É o ambiente no qual são fechadas operações de compra e venda de títulos, valores mobiliários, *commodities* e contratos de liquidação futura, diretamente entre as partes ou com a intermediação de instituições financeiras, mas fora das bolsas.

Nas operações realizadas no mercado de balcão, somente os participantes conhecem os termos do contrato negociado. Isso porque os contratos negociados nesse ambiente não são padronizados, de maneira que as partes podem ajustar suas condições a fim de que a operação seja completamente adequada às necessidades específicas de cada parte. Tais operações são menos sujeitas à fiscalização e regulação e não são divulgadas ao mercado, a menos que haja interesse dos contratantes.

As particularidades de cada contrato dificultam sua negociação posterior, sendo comum os participantes manterem essas posições em suas carteiras até o vencimento. Outro problema desse mercado é a liquidez. Como as negociações ocorrem fora da bolsa, é mais difícil revender os papéis.

Diferentemente do conceito tradicional de mercado de balcão – ambiente no qual normalmente as partes fecham negócios, elaboram e liquidam operação por sua conta e risco –, o *mercado de balcão organizado* tem como objetivo oferecer um ambiente eletrônico para negociação de títulos e valores mobiliários e demais ativos financeiros ao mercado.

A Sociedade Operadora do Mercado de Ativos S/A (Soma) é a instituição autorreguladora responsável por administrar o mercado de balcão organizado.

3) *Sociedades corretoras de títulos e valores mobiliários* (CTVM). A principal função de uma corretora de títulos e valores mobiliários é administrar a carteira de investimento de seus clientes, bem como realizar a custódia de títulos e valores mobiliários.

Além disso, também são competências das CTVMs exercer a função de agente fiduciário; instituir, organizar e administrar fundos e clubes de investimento; emitir certificados de depósito de ações e cédulas pignoratícias de debêntures; intermediar operações de câmbio; praticar operações no mercado de câmbio de taxas flutuantes; praticar operações de conta margem; realizar operações compromissadas; praticar operações de compra e venda de metais preciosos, no mercado físico, por conta própria e de terceiros; operar em bolsas de mercadorias e de futuros por conta própria e de terceiros.

Para atuarem junto às bolsas de valores e mercadorias, as sociedades corretoras devem ter seu título patrimonial, o que as torna associadas àquela bolsa.

As sociedades corretoras são constituídas na forma de sociedade anônima ou por cotas de responsabilidade limitada e podem atuar tanto em bolsas de valores quanto no mercado de balcão, sendo que as corretoras normalmente só atuam no mercado de balcão organizado, administrado pela Soma.

4) *Distribuidoras de títulos e valores mobiliários* (DTVM). As funções das DTVMs são basicamente as mesmas exercidas pelas corretoras de títulos e valores mobiliários.

Suas principais atividades são: intermediar a oferta pública e distribuição de títulos e valores mobiliários no mercado; administrar e custodiar as carteiras de títulos e valores mobiliários; instituir, organizar e administrar fundos e clubes de investimento; operar no mercado acionário, comprando, vendendo e distribuindo títulos e valores mobiliários, inclusive ouro financeiro, por conta de terceiros; fazer a intermediação com as bolsas de valores e de mercadorias; efetuar lançamentos públicos de ações; operar no mercado aberto e intermediar operações de câmbio.

Saliente-se que, desde março de 2009, as DTVMs podem, a exemplo das corretoras, atuar em mercado de bolsa. Até então, sua atuação nesse mercado era proibida.

Distribuidoras de Títulos e Valores Mobiliários são instituições constituídas sob a forma de sociedade anônima ou por cotas de responsabilidade limitada. Na sua denominação social deve constar a expressão "Distribuidora de Títulos e Valores Mobiliários".

Sistemas e câmaras de liquidação e custódia

Esses auxiliares financeiros têm como função a prestação de serviços de custódia qualificada, que compreendem a liquidação física e financeira dos ativos, bem como sua guarda, administração e fornecimento de informações a respeito dos proventos associados a esses ativos.

A custódia permite a segregação de funções entre quem toma a decisão de investimento e quem faz a liquidação financeira e a guarda dos ativos, trazendo mais transparência e segurança para o processo.

1) *Sistema Especial de Liquidação e Custódia* (Selic). Criado em 1979, o Selic é um sistema eletrônico que processa o registro, a custódia e a liquidação financeira das operações realizadas com títulos públicos federais, garantindo segurança, agilidade e transparência nos negócios. Antes dele, as operações financeiras implicavam o manuseio e a movimentação física desses títulos, com grande risco de fraude e extravio.

   Após a implementação do Selic, títulos e cheques foram substituídos por simples registros eletrônicos, gerando ganho de eficiência, já que as operações são fechadas no mesmo dia em que ocorrem. Todos os títulos negociados nesse sistema são desmaterializados (escriturais, isto é, emitidos exclusivamente em formato eletrônico) e custodiados em nome de seus possuidores.

   O título só é transferido (entrega) para o comprador após este disponibilizar o dinheiro (pagamento). Por isso o nome "entrega contra pagamento". Caso o dinheiro para pagamento não seja disponibilizado em 30 minutos, após o registro no Selic, a operação estará cancelada.

2) *Câmara de Custódia e Liquidação* (Cetip).[4] É uma das maiores empresas de custódia e liquidação da América Latina. Sem fins lucrativos, foi criada em conjunto pelas instituições financeiras e pelo Bacen, em 1986, para garantir mais segurança e agilidade às operações financeiras.

A Cetip registra as operações de títulos privados. Da mesma maneira que o Selic, não atua como garantidora, ou seja, não assume os riscos das operações e não atua como contraparte.

A Cetip registra, custodia e liquida títulos e valores mobiliários de renda fixa, como certificados de depósitos bancários, letras de câmbio, letras hipotecárias, debêntures, *swaps* e até títulos públicos estaduais e municipais emitidos a partir de 1992, títulos representativos de dívidas de responsabilidade do Tesouro Nacional, créditos securitizados da União, da dívida agrícola etc.

Clearings

Uma das condições necessárias ao perfeito funcionamento dos mercados financeiros e de capitais é a crença dos participantes de que seus ganhos serão recebidos e de que suas operações de compra e venda serão liquidadas nas condições e nos prazos estabelecidos.

Essa segurança é proporcionada pelas câmaras de registro, compensação e liquidação, chamadas de *clearings*, por meio de um sistema de compensação que chama para si a responsabili-

[4] Fruto da fusão entre a BM&FBovespa e a Cetip, em março de 2017 nasce a B3 – Bolsa Balcão Brasil. Trata-se da bolsa de valores oficial do Brasil, uma companhia de infraestrutura de mercado financeiro. A B3 está ligada a todas as bolsas de valores brasileiras, incluindo a do Rio de Janeiro (BVRJ), onde são negociados apenas títulos.

dade pela liquidação de negócios. Assim, as *clearings* assumem o papel de comprador, para o vendedor, e de vendedor, para o comprador, com estruturas adequadas ao gerenciamento de risco de todos os participantes.

A partir da entrada em funcionamento do novo Sistema de Pagamentos Brasileiro em 22 de abril de 2002, temos os seguintes tipos de câmaras de compensação ou *clearing houses* que equivalem à entidade responsável pelo registro, compensação e liquidação eletrônica de operações, tais como derivativos, moedas, títulos, ações e transferências financeiras:

1) *Compe*. Responde pela compensação de cheques e outros papéis. Participam obrigatoriamente da Compe instituições titulares de conta reservas bancárias ou de conta de liquidação nas quais sejam mantidas contas de depósito movimentáveis por cheque e, facultativamente, as demais instituições financeiras não bancárias titulares de conta de liquidação. O Banco do Brasil S.A., executante da Compe, fornece o apoio necessário ao seu funcionamento, seja para a troca da imagem digital, seja para a compensação eletrônica de todas as obrigações, que inclui os centros de processamento principal e secundário.
2) *Câmara de Ações*. Registra as operações com ações, opções e operações com títulos de renda fixa do mercado privado. É o papel da BM&FBovespa – Ações.
3) *Câmara de Câmbio*. Registra as operações de câmbio (troca de moedas). Temos a BM&FBovespa – Câmbio.
4) *Clearing de Derivativos*. Registra as operações de contratos da BVM&FBovespa e de derivativos (mercado futuro e termo). Ex.: BM&FBovespa – Derivativos.
5) *Câmara Interbancária de Pagamentos* (CIP). Realiza a compensação de transações bancárias como TED, DOC e outras transferências eletrônicas.

Mercado financeiro

Como já expusemos, o mercado financeiro é o mercado da intermediação bancária, ou intermediação financeira. Sua principal característica é a interposição das instituições financeiras e auxiliares entre as poupanças disponíveis e aqueles que necessitam de crédito.

Nesse tipo de mercado, as instituições financeiras captam os recursos disponíveis e os entregam aos tomadores de empréstimo, assumindo o risco da operação.

Para que os agentes superavitários se disponham a entregar seus recursos e depositá-los em uma instituição financeira, é necessário oferecer-lhes recompensa que incentive tal conduta. Para isso, a fim de atrair recursos para suas contas, os bancos remuneram os agentes que neles depositam sua poupança, sendo as captações remuneradas a uma determinada taxa acordada. Considerando que o fluxo esperado nessa operação é o pagamento de despesas de juros, do ponto de vista das instituições financeiras, as captações são operações passivas.

Ao mesmo tempo, a disponibilização de recursos aos agentes deficitários do mercado não ocorre gratuitamente. As instituições financeiras cobram uma taxa de juros que tem o condão de remunerar o risco que se corre ao emprestar a terceiros os recursos depositados nos cofres das instituições financeiras. Considerando que o fluxo esperado nessa operação é o recebimento de receita de juros, do ponto de vista das instituições financeiras, as disponibilizações são operações ativas.

Nesse panorama, os bancos tornam-se devedores dos doadores de recursos e credores dos tomadores desses recursos, denotando a intermediação das instituições financeiras no negócio entre os agentes.

Se não fossem esses intermediários financeiros, em um mercado livre, porém amplo, os tomadores de recursos e os detentores de poupança jamais poderiam se encontrar. Assim, pode-se dizer que a função desempenhada pelas instituições financeiras traz eficiência ao mercado, ao favorecer o encontro de oferta e demanda de recursos financeiros.

A diferença entre a taxa de juros de captação (operação ativa) e a taxa de juros de empréstimo (operação passiva) é chamada de *spread*.

Um exemplo de operação típica do mercado financeiro são as operações de emissão de certificado de depósito bancário (CDB), que representa a captação de recursos mediante remuneração, e empréstimo a pessoas físicas e jurídicas, que representa a disponibilização dos recursos captados.

A principal lei que rege e fiscaliza esse mercado é a Lei nº 4.595, de 31 de dezembro de 1964, que dispõe sobre as instituições monetárias, bancárias e creditícias e cria o CMN.

Ademais, o CMN e o Bacen, como órgãos integrantes do subsistema normativo do SFN, são responsáveis pela edição de normativos cujo escopo é a regulação do funcionamento do mercado financeiro.

Mercado de capitais

O mercado de capitais é o mercado da desintermediação financeira.[5]

Ao contrário do que ocorre no mercado financeiro, no qual as instituições financeiras interpõem-se entre as partes interessadas assumindo o risco das operações financeiras transacionadas,

[5] QUIROGA, Roberto Mosquera. *Tributação no mercado financeiro e de capitais*, 1999, op. cit., p. 22.

no mercado de capitais os poupadores e tomadores de recursos interagem de maneira direta.

No mercado de capitais, o fluxo de recursos entre os agentes do mercado materializa-se sem que seja necessária a interposição de uma terceira parte na transação, sendo que as instituições financeiras e auxiliares apenas atuam como intervenientes obrigatórias, em decorrência de determinações legais.

Uma boa forma de compreender o mercado de capitais é o estudo das operações realizadas em bolsa.

Uma empresa que necessite de recursos para financiar novos investimentos, por exemplo, a expansão de suas atividades, pode socorrer-se do mercado de capitais para angariar os fundos necessários por meio da emissão de valores mobiliários.[6]

Essa empresa pode ofertar suas ações aos poupadores de recurso com o intuito de financiar o incremento de suas atividades. Se os poupadores aceitarem a oferta e adquirirem as ações, estarão investindo diretamente na empresa, que, por sua vez, conseguirá os recursos que lhe faltavam sem o intermédio de uma instituição financeira.

Essa situação é verificada quando ocorre o oferecimento inicial de ações representativas do capital de uma empresa. Para que determinada empresa "abra" capital, o que ocorre por meio de um *initial public offering* (IPO), é necessário o cumprimento de diversas exigências legais e regulamentares.

Entre essas regulamentações, há a necessidade de intermediação de uma instituição financeira – bancos de investimentos, sociedades distribuidoras, bancos múltiplos e outros. Nessa operação, o papel da instituição financeira será buscar investidores que desejem participar do investimento oferecido.

[6] Os mais relevantes exemplos de valores mobiliários serão elencados no item "Valores mobiliários", neste capítulo (p. 37). A respeito da conceituação de valores mobiliários, sugerimos a leitura de: LOBO, Carlos Augusto da Silveira. Os valores mobiliários. *Revista do Direito Bancário e do Mercado de Capitais*, v. 10, n. 36, p. 27-42, abr./jun. 2007.

Considerando que no mercado de capitais o fluxo financeiro é operado diretamente entre os investidores e a empresa investida, e que as instituições financeiras não se interpõem entre as partes, o risco do investimento é inteiramente suportado pelo doador dos recursos. Verifica-se, pois, que o mercado de capitais é um mercado de participação, em que a instituição intermediária não assume o compromisso de sucesso do negócio.

Um mercado de capitais dinâmico e transparente propicia aos empresários a possibilidade de buscar os recursos necessários ao desenvolvimento de suas empresas de maneira eficiente, gerando desenvolvimento e riqueza para o país por meio, por exemplo, da criação de novos empregos e do pagamento de tributos.

Nesse ponto, cabe comentar a existência de dois tipos de mercado para a negociação de participações societárias de uma empresa: o primário e o secundário.

O *mercado primário* é aquele em que as empresas conseguem financiar-se diretamente com seus investidores por meio da oferta de novas ações em bolsa. As ofertas de ações podem ocorrer de duas formas.

Primeiramente, por meio de IPO, quando há a abertura de capital de companhias até então de capital fechado, que passam a ter suas ações negociadas em bolsa.

Outra possibilidade é o *follow on*, quando empresas de capital aberto, que, portanto, já contam com ações listadas em bolsa, acessam novamente o mercado ofertando novas ações.

O mercado primário é, então, aquele por meio do qual as empresas conseguem recursos para financiar suas atividades.

Por sua vez, o mercado secundário é o mercado no qual são negociadas as ações já anteriormente emitidas pelas companhias, de maneira que não há nova captação de recursos pelas empresas, tão somente a circulação de ações entre os investidores.

As operações de mercado secundário podem ocorrer tanto nas bolsas de valores quanto no mercado de balcão organizado ou no mercado de balcão, pressupondo a liquidez dos ativos negociados.

Embora o fluxo financeiro das negociações transacionadas no mercado secundário não atinja diretamente as companhias cujas participações societárias estão sendo negociadas, a existência da possibilidade de transferir, para terceiros, as ações inicialmente adquiridas no mercado primário traz segurança aos investidores, que não são obrigados a manter os ativos em carteira caso não o desejem. Um mercado secundário líquido, seguro e transparente é força motriz que incentiva a participação de investidores em um IPO ou *follow on*.

Em outras palavras, a liquidez dos ativos negociados no mercado de capitais, proporcionada pelo mercado secundário, colabora para o fortalecimento do mercado primário.

São duas as principais leis que regem e fiscalizam o mercado de capitais:

- Lei nº 4.728, de 14 de julho de 1965: disciplina o mercado de capitais e estabelece medidas para seu desenvolvimento;
- Lei nº 6.385, de 7 de dezembro de 1976: dispõe sobre o mercado de valores mobiliários e cria a Comissão de Valores Mobiliários.

O Brasil tem seu sistema tributário fixado, em primeira linha, na Constituição da República Federativa do Brasil de 1988 (CRFB/1988), em seu Título VI. Em sequência, temos o Código Tributário Nacional (CTN), promulgado pela Lei nº 5.172, de 20 de outubro de 1966, que, apesar de haver sido publicada antes da promulgação da CRFB/1988, foi por esta recepcionada. Assim, a Carta Magna recebeu o CTN conferindo-lhe natureza de lei complementar, de maneira que suas disposições continuaram a reger o sistema tributário brasileiro, na medida em que seja compatível com as normas constitucionais.

A CRFB/1988 estabelece no § 1º de seu art. 145 que, sempre que possível, os impostos terão caráter pessoal e serão graduados segundo a capacidade econômica do contribuinte, afirmando o princípio constitucional tributário da progressividade.

O princípio da progressividade norteia as normas que instituem e regulam os impostos incidentes nas operações ocorridas no mercado financeiro e no mercado de capitais, notadamente o imposto de renda (IR) e o indevidamente chamado imposto sobre operações de crédito, câmbio e seguro, ou relativas a títulos ou valores mobiliários (IOF), ambos de competência exclusiva da União federal.

Principais títulos em circulação no mercado

Antes de aprofundarmo-nos no estudo dos títulos e valores mobiliários em espécie, é importante fazermos uma primeira distinção entre aplicações financeiras de renda fixa e aplicações financeiras de renda variável.

As *operações financeiras de renda fixa* apresentam maior previsibilidade quanto ao resultado do investimento realizado, uma vez que os rendimentos são predeterminados.

As taxas em uma operação de renda fixa podem ser *pre-fixadas* – quando, desde o investimento inicial, é estabelecido um percentual numérico fixo, por exemplo: 5%, 11% e outros – ou *pós-fixadas* – quando a taxa é conhecida desde o momento inicial do investimento, porém é acompanhada de uma variável desconhecida, por exemplo: CDI, TR + 8% e outras. Essa espécie de taxa também é chamada de taxa flutuante.

As operações transacionadas no mercado financeiro são predominantemente de renda fixa.

Por sua vez, as *operações financeiras de renda variável* são investimentos nos quais há imprevisibilidade quanto aos resultados que serão alcançados, uma vez que os rendimentos não são predeterminados.

As operações de renda variável são geralmente operações com participações, sendo exemplos de ganhos decorrentes de operações de renda variável os dividendos pagos por uma ação, ou o ganho de capital obtido na venda de um título.

As operações transacionadas no mercado de capitais são predominantemente de renda variável, o que não indica que nesse mercado não sejam transacionadas operações de renda fixa. A emissão de debêntures, que pagam juros prefixados, é um exemplo de operação de renda fixa no mercado de capitais.

Títulos públicos federais

São instrumentos financeiros de renda fixa emitidos pelo governo federal para obtenção de recursos junto à sociedade, com o objetivo primordial de financiar suas despesas.

Os títulos da dívida pública podem ser emitidos com duas finalidades principais:

1) financiar o déficit orçamentário, nele incluído o refinanciamento da dívida pública;
2) realizar operações para fins específicos, definidos em lei.

O Tesouro Nacional emite os títulos públicos por meio de ofertas públicas competitivas (leilões) com a participação direta de instituições financeiras; emissões diretas para finalidades específicas, definidas em leis (emissões não competitivas); e vendas diretas às pessoas físicas, por meio do Programa Tesouro Direto.

Quadro 1

Exemplos de títulos emitidos pelo Tesouro Nacional

Título	Objetivo	Remuneração
Letra do Tesouro Nacional (LTN)	Cobertura de déficit orçamentário	Prefixada
Letra Financeira do Tesouro (LFT)	Cobertura de déficit orçamentário	Pós-fixada (taxa Selic)
Nota do Tesouro Nacional (NTN)	Cobertura de déficit orçamentário	Pós-fixada com diversos índices próprios (exceção: NTN – F)
Certificado Financeiro do Tesouro	Realização de operações financeiras definidas em lei	Pré e pós-fixada atrelada a diversos índices
Certificado do Tesouro Nacional	Garantia do principal na novação de dívidas de mutuários do crédito agrícola junto às instituições financeiras	Pós-fixada (IGPM)

Operações compromissadas e operações definitivas

São operações de compra ou venda de títulos com compromisso de revenda ou de recompra dos mesmos títulos, em data futura. Quando o Bacen realiza essas operações, afeta temporariamente a liquidez bancária, vale dizer, do período compreendido desde a data da operação até a data de revenda ou recompra.

Já as operações definitivas são operações de compra ou venda final de títulos, sem compromisso de revenda ou recompra. Por meio das operações compromissadas e definitivas, o Bacen controla a liquidez da economia, vendendo títulos quando o mercado está com excesso de liquidez – como uma forma de incentivar que o mercado poupe recursos –, e comprando quando o mercado está com escassez de liquidez.

Títulos públicos estaduais e municipais

Por força da Emenda Constitucional nº 3, desde 1993 os municípios e os estados estão proibidos de emitir títulos públicos.

Poupança

A poupança é um tipo de aplicação financeira de renda fixa em que os valores nela depositados são remunerados com base em taxa prefixada composta pela taxa referencial (TR) + juros de 0,5% ao mês.

Títulos privados

Constituem-se em títulos de dívida emitidos por empresas privadas, financeiras e não financeiras. Destacam-se:

1) *Certificado e recibo de depósitos bancário* (CDB e RDB). O CDB é um título de crédito e o RDB é um recibo. Ambos são emitidos por bancos comerciais e representativos de depósitos a prazo feitos pelo cliente. A principal diferença entre eles é que o CDB, sendo um título, pode ser negociado por meio de transferência, enquanto o RDB é inegociável e intransferível.
2) *Letra financeira*. Criada pela Lei nº 12.249, de 11 de junho de 2010, é um título emitido por bancos múltiplos, bancos comerciais, bancos de investimento, sociedades de crédito, caixas econômicas, companhias hipotecárias e sociedades de crédito imobiliário. Entre as características desse título, estão o prazo de vencimento de, no mínimo, 24 meses, não sendo permitido o resgate antecipado do ativo. O valor nominal unitário mínimo é de R$ 300 mil, se contiver cláusula de subordinação aos credores quirografários, ou de R$ 15 mil, se não houver cláusula de subordinação.

3) *Cédula de crédito bancário* (CCB). Representa promessa de pagamento em dinheiro, decorrente de operação de crédito de qualquer modalidade. Pode ser emitida por empresa ou pessoa física, desde que haja uma instituição bancária como contraparte. Entre as vantagens do ativo, está o fato de ser um instrumento de crédito ágil, que pode ser emitido com ou sem garantia, real ou fidejussória. É possível criar um certificado representativo de um conjunto de cédulas chamado de certificado de cédulas de crédito bancário (CCCB), garantindo assim uma otimização do processo de negociação e de pagamento de eventos. As características do CCCB advêm das formas de pagamento e do tipo de remuneração. Podem ser remunerados por taxa prefixada, taxa flutuante (DI, Selic) ou índices de preço, bem como variação cambial.[7]
4) *Cédula de crédito à exportação* (CCE). Título de crédito negociável, emitido por pessoas físicas ou jurídicas, com a finalidade de financiar a exportação ou a produção de bens para exportação, podendo também servir de instrumento para financiar atividades de apoio e complementação à exportação. A CCE é emitida com garantia real, cedularmente constituída, e pode ser emitida com remuneração pré ou pósfixada. É colocada no mercado diretamente pelas instituições financeiras credoras do financiamento.
5) *Cédula de produto rural* (CPR). Título cambial negociável em mercado de balcão e em bolsa de mercadorias, que permite ao produtor rural ou a suas cooperativas obter recursos para desenvolver sua produção ou empreendimento, com comercialização antecipada ou não. Para ser negociada

[7] Sobre a CCB, recomendamos a leitura de: PAULIN, Luís Alfredo. Transferência de cédula de crédito bancário sem coobrigação: responsabilidade de instituição financeira por inadequada análise de crédito e desrespeito ao princípio da boa-fé objetiva. *Revista do Direito Bancário e do Mercado de Capitais*, v. 11, n. 39, p. 32-55, jan./mar. 2008.

em mercado, a CPR deve ser registrada em sistema autorizado pelo Bacen.

6) *Letra hipotecária* (LH). Título lastreado em crédito imobiliário, com emissão privativa de instituições financeiras que atuem na concessão de financiamentos com recursos do sistema financeiro da habitação e companhias hipotecárias, como associação de poupança e empréstimo, bancos múltiplos com carteira de crédito imobiliário, Caixa Econômica Federal, companhia hipotecária e sociedades de crédito imobiliário. A LH é garantida pela caução de créditos hipotecários, podendo contar ainda com garantia fidejussória adicional de instituição financeira. O prazo do papel pode variar de 180 dias a 60 meses, com reajuste pela variação da TR, IGP-M, IGP-DI, INPC.
7) *Contratos de* swap. Os contratos de *swap* permitem a troca da natureza das taxas de aplicações e captações, possibilitando aos usuários reduzir o custo dos passivos e elevar a rentabilidade dos ativos, bem como alcançar proteção quanto às flutuações adversas de taxas.

Valores mobiliários

Nos termos do que dispõe o art. 2º, IX, da Lei nº 6.385/1976, são valores mobiliários,

> quando ofertados publicamente, quaisquer outros títulos ou contratos de investimento coletivo, que gerem direito de participação, de parceria ou de remuneração, inclusive resultante de prestação de serviços, cujos rendimentos advêm do esforço do empreendedor ou de terceiros.

Além da definição conotativa de valores mobiliários, anteriormente transcrita, a legislação traz a definição denotativa de valores mobiliários nos incisos anteriores do artigo supracitado.

A seguir, destacamos alguns dos títulos considerados valores mobiliários pela Lei nº 6.385/1976:

- *Ações*. São títulos de renda variável que representam unidades do capital social de uma empresa constituída na forma de sociedade anônima.
- *Bônus de subscrição*. Títulos negociáveis que outorgam ao seu titular direito de adquirir ações da empresa emissora.
- *Debêntures*. Conferem direito de crédito certo a seu titular diante da companhia emissora, em razão de um contrato de empréstimo. Representam capital de terceiros investido na sociedade, em resposta à iniciativa de captação de recursos promovida pela companhia emissora.
- *Certificado de depósito de ações*. Título representativo das ações depositadas em uma instituição financeira.
- *Certificado de depósito de valores mobiliários*. Conhecido, internacionalmente, como *Brazilian depositary receipt* (BDR), é título representativo de valores mobiliários de emissão de companhia aberta com sede no exterior. É emitido no Brasil por instituição financeira, depositária dos títulos emitidos no exterior. A instituição depositária no Brasil deve ser autorizada a funcionar pelo Bacen e pela CVM.
- *Cotas de fundos de investimento*. Menor porção em que se divide o patrimônio de um fundo de investimentos. O patrimônio de um fundo de investimentos é a soma de cotas que foram compradas pelos diferentes investidores. O valor da cota é resultante da divisão do patrimônio líquido do fundo pelo número de cotas existentes.

Noções de mercado

Mercado primário

Conforme expusemos no item "Mercado de capitais" (*supra*), o mercado primário é assim chamado por abranger a colocação original dos ativos emitidos. Daí em diante, os valores mobiliários emitidos, de forma geral, passam a ser negociados no mercado secundário.

Relembrando, é no mercado primário que ocorre a colocação das ações ou outros títulos provenientes de novas emissões, gerando "caixa" para as empresas emissoras.

Mercado secundário

Como também comentado no item "Mercado de capitais", o mercado secundário é destinado aos negócios de revenda dos ativos emitidos. É o mercado que dá liquidez aos ativos adquiridos no mercado primário, possibilitando ao investidor inicial reaver o capital aplicado por meio da revenda dos ativos.

Mercado à vista

No mercado à vista, a liquidação das operações negociadas ocorre no presente. Por questões operacionais, as liquidações (por exemplo, a troca da titularidade de uma ação negociada) ocorrem apenas no terceiro dia útil posterior à negociação.

No mercado, o dia em que são transacionadas as operações é conhecido como D 0 (D zero) e o dia em que são liquidadas as operações é conhecido como D + 3 (D mais três).

Assim, o investidor que dá a sua corretora uma ordem de compra de ações terá de quitá-la em D + 3, isto é, três dias úteis após a efetiva operação.

Mercado a termo

No mercado a termo são negociados contratos para compra ou a venda de determinada quantidade de ativos, a um preço fixado, para liquidação em prazo futuro determinado. O prazo do contrato a termo é livremente escolhido pelos investidores, obedecendo ao prazo mínimo de 16 dias e máximo de 999 dias corridos.

Mercado de ações

É nesse segmento do mercado de capitais que ocorre colocação primária (em mercado) de novas ações emitidas pelas companhias, bem como a negociação secundária (em bolsas e no mercado de balcão) das ações já anteriormente colocadas em circulação.

Mercado de balcão

Como expusemos cuidadosamente no item que versa sobre os participantes do sistema financeiro nacional, o mercado de balcão não representa um lugar físico e determinado onde ocorrem as transações. Pelo contrário, as negociações são realizadas por telefone entre as instituições financeiras, que transacionam em nome de seus clientes, ou para o próprio portfólio, contratos financeiros não padronizados, ações de empresas não registradas em bolsas e outras espécies de títulos.

Mercado de balcão organizado

Como também expusemos no item que versa sobre os participantes do sistema financeiro nacional, o mercado de balcão organizado é um sistema de negociação de títulos e valores mobiliários de renda variável administrado pela Soma, entidade autorreguladora autorizada pela CVM.

Mercado futuro

Assim como no mercado a termo, no mercado futuro os participantes se comprometem a comprar ou vender certa quantidade de um ativo por um preço determinado, sendo a liquidação diferida para data futura.

Contudo, a principal diferença entre os mercados a termo e mercado futuro é a forma de liquidação de seus compromissos. Enquanto no mercado a termo os desembolsos ocorrem somente no vencimento do contrato, no mercado futuro os compromissos são ajustados diariamente. Todos os dias são verificadas as alterações de preços dos contratos negociados para apuração das perdas de um lado e dos ganhos do outro, realizando-se a liquidação das diferenças financeiras apuradas. Não há, portanto, liquidação física dos ativos.[8]

Outra distinção reside no fato de que, no mercado futuro, os contratos negociados são padronizados e sua negociação ocorre somente em ambiente de bolsa. Em razão dessas características, a liquidez dos ativos é muito maior que no mercado a termo.

Exemplo desse tipo de operação é a negociação de lotes padronizados de *commodities*.

Mega Bolsa

Sistema eletrônico de negociação da BM&FBovespa, que engloba terminais remotos e visa ampliar a capacidade de registro

---

[8] Verificar nossos comentários sobre as modalidades de liquidação das operações no mercado de capitais, no item "Liquidação" deste capítulo.

de ofertas e realização de negócios em um ambiente tecnologicamente avançado.

Liquidação

Cabe salientar que a liquidação das operações realizadas no mercado de capitais pode ocorrer de duas formas, por meio de liquidação física ou financeira.

A *liquidação física* implica a entrega física, pelo vendedor, dos ativos negociados. Já a *liquidação financeira* não prescinde a entrega física do ativo, sendo feita por diferença financeira. Utiliza-se o preço de referência do ativo, verificado no dia de vencimento do contrato, registrando-se uma venda para o comprador original e uma compra para o vendedor original. A diferença apurada é liquidada entre as partes, sem que haja entrega física do ativo negociado.

Imposto sobre renda e proventos de qualquer natureza

O imposto sobre a renda e proventos de qualquer natureza, de competência da União, está previsto no art. 153, III, da CRFB/1988.

A doutrina brasileira conceitua renda e proventos como os valores que podem ser caracterizados como acréscimo de patrimônio em determinado lapso de tempo. São valores que, em um primeiro momento, não pertenciam ao conjunto de direitos de uma pessoa, natural ou jurídica, e que surgem ao compararmos o patrimônio atual com o patrimônio anteriormente havido pela pessoa. Verificando-se diferença positiva decorrente dessa comparação, resta caracterizado o acréscimo de valores ao patrimônio da pessoa, sendo que pode esse acréscimo ser consumido ou poupado.

Imposto é espécie de tributo cuja hipótese de incidência pode, tão somente, atingir situações que indiquem a presença de sinais distintivos de riquezas, aptos a demonstrar a capacidade de o sujeito passivo contribuir para a arrecadação de fundos por parte da União. A capacidade contributiva é princípio de direito tributário, encampado pelo art. 145, § 1º, da CRFB/1988, que decorre do princípio constitucional da igualdade tributária, previsto no art. 150, II, e norteia a instituição de impostos.

Considerando o aspecto material da hipótese de incidências dos impostos, analisado por uma ótica puramente econômica, todo imposto incide sobre a renda do contribuinte, uma vez que atinge e suprime parte do patrimônio do cidadão como forma de custear as atividades do Estado.

Trazendo esses conceitos para o mercado financeiro e de capitais, podemos dizer que a aferição de *resultados positivos* em operações financeiras, verificados quando os agentes envolvidos nesse mercado auferiram renda em decorrência dessas operações, ensejaram a incidência de imposto de renda.

Quanto ao imposto de renda retido na fonte (IRRF), cabe comentar que, originariamente, incidia sobre os rendimentos pagos ao portador (*pay as you earn*) e sobre os rendimentos pagos a residentes e domiciliados no exterior (*pay as you go*). Dessa forma, o recolhimento do imposto devido aos cofres públicos estaria assegurado. Posteriormente, a incidência do IRRF estendeu-se a diversas hipóteses, até a ampla generalização verificada atualmente.

O sistema de retenção na fonte caracteriza-se pela responsabilidade atribuída à fonte pagadora, ou à instituição intermediária da operação financeira, de efetuar o cálculo, a retenção e o recolhimento do imposto devido. A essa obrigação, dá-se o nome de responsabilidade tributária.

Ao efetuar o pagamento dos rendimentos devidos, a fonte pagadora retém o valor do tributo, pagando ao beneficiário o valor líquido deduzido de IRRF, tornando-se o sujeito passivo da relação jurídica tributária desde a ocorrência do fato imponível.

Caso a fonte pagadora não proceda à retenção, ficará obrigada a efetuar o recolhimento do tributo com seus próprios recursos, uma vez que passou a ocupar o polo passivo da obrigação tributária por substituição.

Ainda quanto ao IRRF, é importante salientar que seu pagamento pode encampar o caráter definitivo ou o antecipatório.

O pagamento do IRRF tem caráter definitivo quando esse é o único imposto devido sobre rendimento tributado.

O pagamento do IRRF tem caráter antecipatório quando é devido como antecipação de um imposto que será ou não devido no futuro, após os ajustes feitos com a Receita Federal.

Na hipótese de que um rendimento esteja sujeito ao recolhimento de IRRF de caráter meramente antecipatório, o rendimento que deu causa a sua incidência deverá compor a base de cálculo sobre a qual será devido, ao final do exercício fiscal, o imposto de renda das pessoas jurídicas (IRPJ) ou o imposto de renda das pessoas físicas (IRPF).

Aplicações financeiras de renda fixa

Legislação aplicável

A fim de que possamos bem compreender o regime de tributação ao qual estão sujeitas as aplicações financeiras de renda fixa, cumpre-nos analisar cuidadosamente a legislação pertinente, cujos principais excertos transcrevemos a seguir (grifos nossos):

Lei nº 8.383, de 30 de dezembro de 1991

Art. 20. O *rendimento produzido* por aplicação financeira de renda fixa iniciada a partir de 1º de janeiro de 1992, auferido por qualquer beneficiário, inclusive pessoa jurídica isenta, sujeita-se à incidência do imposto sobre a renda na fonte às alíquotas seguintes: [...]

Lei nº 8.981, de 20 de janeiro de 1995

Art. 7º. A partir de 1º de janeiro de 1995, *a renda e os proventos de qualquer natureza*, inclusive os rendimentos e ganhos de capital percebidos por pessoas físicas residentes ou domiciliadas no Brasil, serão tributados pelo Imposto de Renda na forma da legislação vigente, com as modificações introduzidas por esta lei.

Lei nº 9.532, de 10 de dezembro de 1997

Art. 35. Relativamente aos *rendimentos produzidos*, a partir de 1º de janeiro de 1998, por aplicação financeira de renda fixa, auferidos por qualquer beneficiário, inclusive pessoa jurídica imune ou isenta, a alíquota do imposto de renda será de vinte por cento.

Lei nº 9.779, de 19 de janeiro de 1999

Art. 5º. Os rendimentos auferidos em qualquer aplicação ou operação financeira de renda fixa ou de renda variável sujeitam-se à incidência do imposto de renda na fonte, mesmo no caso das operações de cobertura (*hedge*), realizadas por meio de operações de *swap* e outras, nos mercados de derivativos.

Lei nº 11.033, de 21 de dezembro de 2004

Art. 1º. Os *rendimentos* de que trata o art. 5º da Lei nº 9.779, de 19 de janeiro de 1999, relativamente às aplicações e operações realizadas a partir de 1º de janeiro de 2005, sujeitam-se à incidência do imposto de renda na fonte, às seguintes alíquotas: [...]

Considerando o demonstrativo da legislação apresentado, o aspecto material da hipótese de incidência tributária, cuja consistência se manifesta com base na expressão "rendimentos auferidos", é o fato de o contribuinte *auferir rendimentos*.

Como já vimos, a palavra *rendimentos* está ligada ao conceito de renda, conceituada como acréscimo patrimonial.

Nesse sentido dispõe o art. 35 da Lei nº 9.532/1997, segundo o qual a expressão *rendimentos* indica todo e qualquer acréscimo patrimonial, seja este decorrente da remuneração do capital investido, seja o verificado na cessão, liquidação ou resgate da aplicação financeira.

É importante notar que, para o tema em estudo, tratamos especificamente dos acréscimos patrimoniais percebidos em razão da aplicação em operações financeiras.

Assim, após a identificação da expressão "rendimentos", importa-nos identificar o significado da expressão *aplicações financeiras*.

Pode-se dizer que, em geral, a expressão *operações financeiras* indica o gênero, do qual a expressão *aplicações financeiras* é a espécie.

Para tanto, é importante retomar o conceito de aplicação de renda fixa, que pressupõe a estipulação da remuneração a ser percebida (juros), que pode ser pré ou pós-fixada. Não há, portanto, o elemento de imprevisibilidade decorrente de variações aleatórias no preço do ativo, como ocorre, por exemplo, com as operações realizadas com ações. No momento da contratação das aplicações de renda fixa, ficam definidos os índices que comporão a remuneração a ser auferida pelo investidor, bem como o momento da percepção do rendimento e da devolução do capital aplicado.

A Lei nº 8.981/1995 indica, ainda, demais aspectos a serem observados, necessários à determinação do imposto de renda incidente sobre determinada aplicação financeira. Seu art. 65,

§ 7º, nos dá informações sobre, por exemplo, o momento da retenção na fonte:

> § 7º. O imposto de que trata este artigo será retido:
>
> [...]
>
> b) por ocasião do *pagamento* dos rendimentos, ou da *alienação* do título ou da aplicação, nos demais casos [grifos nossos].

Assim, para as aplicações de renda fixa que preveem pagamentos periódicos, como os títulos públicos, a tributação e retenção na fonte ocorrerão no momento em que os juros forem pagos ao investidor.

Já nas aplicações de renda fixa que não preveem pagamentos periódicos, como a aplicação em CDB, a retenção na fonte ocorrerá apenas na liquidação financeira do título, ou seja, no momento em que o montante (capital + juros) for disponibilizado para o cliente.

Como já adiantamos, o sistema de retenção na fonte caracteriza-se pela responsabilidade atribuída à fonte pagadora, implicando a substituição tributária.

Mais uma vez, valemo-nos das disposições do art. 65 da Lei nº 8.981/1995, para estudar a sistemática de recolhimento do IRRF:

> § 8º. É responsável pela retenção do imposto a pessoa jurídica que receber os recursos, no caso de operações de transferência de dívidas, e a pessoa jurídica que efetuar o pagamento do rendimento, nos demais casos [...].

Verifica-se aqui, claramente, a presença do responsável tributário como a pessoa jurídica que efetua o pagamento do rendimento.

Para as aplicações em CDB, por exemplo, o responsável pela retenção e recolhimento do IRRF aos cofres públicos será o banco que emitiu o certificado e liquidará a operação.

Modalidades

A seguir listamos cinco possíveis modalidades de operações financeiras e suas respectivas tributações.

Operações com ativos considerados de renda fixa em geral

A tributação é efetuada com base no art. 1º da Lei nº 11.033/2004, que prevê a aplicação de alíquota regressiva de IRRF conforme prazo de permanência do investidor na aplicação efetuada. As alíquotas aplicáveis estão indicadas no quadro 2.

Quadro 2

Alíquotas do IRRF conforme prazo de permanência no investimento

Renda fixa	22,5% em aplicações com prazo de até 180 dias
	20% em aplicações com prazo de 181 a 360 dias
	17,5% em aplicações com prazo de 361 a 720 dias
	15% em aplicações com prazo superior a 720 dias

Ainda que essa seja a regra geral quanto à tributação pelo IRRF aplicável às operações financeiras de renda fixa, deve-se salientar que há regimes especiais de tributação previstos para outras operações específicas, sobre os quais discorreremos.

Operações realizadas em bolsa e mercado de balcão

Embora as operações realizadas em bolsa ou em mercado de balcão envolvam, geralmente, participações societárias e sejam típicas operações de renda variável, existem algumas espécies de operações realizadas nesses ambientes que são equiparadas a aplicações financeiras de renda fixa, para fins de incidência de IRRF.

Operações conjugadas (box)

As operações conjugadas são tributadas como renda fixa em razão do que dispõem os arts. 65, § 4º, "a", da Lei nº 8.981/1995 e 1º, § 5º, da Lei nº 11.033/2004.

As operações conjugadas, também chamadas de *box*, são operações realizadas no mercado futuro e no mercado a termo, que permitem a obtenção de resultados predeterminados. Em resumo, consistem em um compromisso de compra e venda de um ativo, em data futura, por preço previamente estabelecido. Nessa modalidade de operação, o investidor compra à vista determinado ativo e, imediatamente, revende-o a prazo. A diferença entre o preço de compra à vista e o preço de venda a prazo é a remuneração da aplicação, pelo prazo da operação.

As operações conjugadas para formar um *box* são opções de compra e venda de ativos, chamadas "operações com derivativos".

> Lei nº 8.981/1995
> Art. 65. O rendimento produzido por aplicação financeira de renda fixa, auferido por qualquer beneficiário, inclusive pessoa jurídica isenta, a partir de 1º de janeiro de 1995, sujeita-se à incidência do Imposto de Renda na fonte à alíquota de dez por cento.
> § 1º. A base de cálculo do imposto é constituída pela diferença positiva entre o valor da alienação, líquido do IOF, de que trata a Lei 8.894, de 21/06/1994 e o valor da aplicação financeira.

§ 2º. Para fins de incidência do Imposto de Renda na fonte, a alienação compreende qualquer forma de transmissão da propriedade, bem como a liquidação, resgate, cessão ou repactuação do título ou aplicação.
§ 3º. Os rendimentos periódicos produzidos por título ou aplicação, bem como qualquer remuneração adicional aos rendimentos prefixados, serão submetidos à incidência do Imposto de Renda na fonte por ocasião de sua percepção.
§ 4º. *O disposto neste artigo aplica-se também*:
a) às operações conjugadas que permitam a obtenção de rendimentos predeterminados, realizadas nas bolsas de valores, de mercadorias, de futuros e assemelhadas, bem como no mercado de balcão;
b) às operações de transferência de dívidas realizadas com instituição financeira, demais instituições autorizadas a funcionar pelo Banco Central do Brasil ou com pessoa jurídica não financeira;
c) aos rendimentos auferidos pela entrega de recursos a pessoa jurídica, sob qualquer forma e a qualquer título, independentemente de ser ou não a fonte pagadora instituição autorizada a funcionar pelo Banco Central do Brasil [grifo nosso].

Lei nº 11.033/2004
Art. 1º. Os rendimentos de que trata o art. 5º da Lei 9.779, de 19/01/99, relativamente às aplicações e operações realizadas a partir de 1º de janeiro de 2005, sujeitam-se à incidência do imposto de renda na fonte, às seguintes alíquotas:
I - 22,5% (vinte e dois inteiros e cinco décimos por cento), em aplicações com prazo de até 180 (cento e oitenta) dias;
II - 20% (vinte por cento), em aplicações com prazo de 181 (cento e oitenta e um) dias até 360 (trezentos e sessenta) dias;
III - 17,5% (dezessete inteiros e cinco décimos por cento), em aplicações com prazo de 361 (trezentos e sessenta e um) dias até 720 (setecentos e vinte) dias;

IV - 15% (quinze por cento), em aplicações com prazo acima de 720 (setecentos e vinte) dias.

[...]

§ 5º. Consideram-se incluídos entre os rendimentos referidos pelo art. 5º da Lei 9.779, de 19/01/99, os *predeterminados obtidos em operações conjugadas, realizadas nos mercados de opções de compra e de venda em bolsas de valores, de mercadorias e de futuros* (box), *no mercado a termo nas bolsas de valores, de mercadorias e de futuros, em operações de venda coberta e sem ajustes diários, e no mercado de balcão* [grifo nosso].

Operações de cobertura (hedge)

As operações de cobertura, também conhecidas como *hedge*, são consideradas operações de renda fixa pelo art. 5º da Lei nº 9.779/1999, tendo seus rendimentos tributados pela tabela regressiva de IRRF, a depender de seu prazo.

São operações de *hedge* aquelas operações destinadas, exclusivamente, à proteção contra riscos inerentes às oscilações de preços ou de taxas, quando o objeto do contrato negociado estiver relacionado com as atividades operacionais da pessoa jurídica ou destinar-se à proteção de direitos ou obrigações da pessoa jurídica.

Lei nº 9.779/1999

Art. 5º. Os rendimentos auferidos em *qualquer aplicação ou operação financeira de renda fixa* ou de renda variável sujeitam-se à incidência do imposto de renda na fonte, mesmo no caso das operações de cobertura (*hedge*), realizadas por meio de operações de *swap* e outras, nos mercados de derivativos [grifo nosso].

As operações de *hedge* são realizadas por meio de operações de *swap*, que serão detalhadamente explicadas adiante.

Letras hipotecárias/certificado de recebíveis imobiliários/letra de crédito imobiliário

Os rendimentos produzidos por letras hipotecárias (LH), certificados de recebíveis imobiliários (CRI) e letras de crédito imobiliário (LCI) são títulos de crédito emitidos por securitizadoras com lastro em crédito imobiliário.

Uma vez que pagam rendimentos predeterminados, são típicas operações de renda fixa tributadas pela tabela regressiva de IRRF. Contudo, os rendimentos auferidos por pessoas físicas produzidos por esses títulos estão isentos do IRRF.

Inicialmente, a Lei nº 8.981/1995 isentou de tributação pelo IRRF os rendimentos percebidos por pessoas físicas apenas em LH. Posteriormente, a Lei nº 11.033/2004 estendeu a isenção de que se trata à remuneração produzida também por CRI e LCI.

Saliente-se que tal isenção aplica-se somente aos rendimentos produzidos por esses títulos, não se aplicando aos ganhos auferidos quando da alienação, resgate ou cessão das LH, CRI ou LCI.

> Lei nº 11.033/2004
>
> Art. 3º. Ficam isentos do imposto de renda:
>
> [...]
>
> II - na fonte e na declaração de ajuste anual das pessoas físicas, a remuneração produzida por letras hipotecárias, certificados de recebíveis imobiliários e letras de crédito imobiliário.

Vale ressaltar que essa isenção não se aplica quando o detentor do CRI, da LCI ou da LH for pessoa jurídica.

Operações de swap

Nas operações de *swap*, as partes assumem a obrigação recíproca de realizar, em determinada data futura, a troca de ativos de que são titulares na data da celebração do contrato. É necessário frisar que, de modo geral, as partes não se obrigam a, efetivamente, realizar a troca de seus créditos, direitos e/ou haveres. O que ocorre é a troca recíproca de valores equivalentes a esses créditos, considerando a diferença entre o preço dos ativos envolvidos no *swap* (liquidação financeira).

Pode-se dar como exemplo o caso de uma empresa ("Empresa A") cujo faturamento é exclusivamente vinculado às operações de exportação. Como suas receitas serão, portanto, pagas em dólar americano, o faturamento da Empresa A estará sujeito às variações dessa moeda.

Ocorre que seu passivo (endividamento) está representado por empréstimos sujeitos à variação do CDI (considerando que seus créditos e financiamentos serão tomados no Brasil), enquanto seu ativo (faturamento decorrente da atividade de exportação) está vinculado à variação do dólar americano.

Verifica-se então que há o descasamento entre os índices pelos quais serão atualizados o passivo e o ativo da Empresa A.

Imaginemos agora uma situação inversa. Uma segunda empresa ("Empresa B") é varejista e tem como atividade a revenda no Brasil de mercadorias importadas. Em suas vendas a prazo, costuma financiar seus clientes a uma taxa pós-fixada atrelada ao CDI.

Nessa situação, o passivo da Empresa B (representado pelas despesas com aquisições de mercadoria importada) estará sujeito às flutuações do dólar americano e seu ativo (representado pelas vendas a prazo para seus clientes no Brasil) estará atrelado à variação do CDI.

Supondo que a Empresa A tenha interesse em sujeitar-se somente à variação do dólar americano, deixando de correr os riscos referentes às oscilações das taxas de juros interna, e que Empresa B, por sua vez, não esteja disposta a sujeitar-se às flutuações de uma moeda estrangeira, é possível que as duas empresas contratem uma operação de *swap*.

Por meio do *swap*, as empresas A e B poderão permutar seus fluxos financeiros, protegendo-se da flutuação da taxa de juros (empresa A) e da variação cambial (empresa B), e trocar os índices aos quais estão sujeitas.

O exemplo que demos é de uma típica operação de *swap* com fins de *hedge*, operação sobre a qual falamos anteriormente.

Contudo, as operações de *swap* podem ser realizadas com fins meramente especulativos.

É o que ocorre quando dois investidores têm o interesse de permutar os fluxos financeiros decorrentes da oscilação de cotação de determinadas moedas em bolsa. Na data de vencimento, a liquidação financeira da operação ocorrerá pela diferença verificada entre a variação das ações objeto do *swap*.

Os rendimentos positivos auferidos na liquidação do contrato de *swap* estão sujeitos à tributação do IRRF conforme tabela regressiva, considerando-se o prazo de aplicação.

Na apuração do IRRF, poderão ser considerados como custo da operação os valores pagos a título de cobertura (prêmio) contra eventuais perdas incorridas nas operações de *swap*.

O imposto será retido pela pessoa jurídica que efetuar o pagamento do rendimento, na data da liquidação do respectivo contrato.

Debêntures infraestrutura

Os rendimentos decorrentes de aplicações em debêntures infraestrutura, nos termos do art. 2º da Lei nº 12.431, de 24 de junho de 2011, têm tributação diferenciada, sujeitando-se às seguintes alíquotas de IRRF, exclusivamente na fonte:

- 0% quando auferidos por:
  a) investidor residente ou domiciliado no exterior que realize operações financeiras no país de acordo com as normas e condições estabelecidas pelo CMN (Resolução Bacen nº 4.373, de 29 de setembro de 2014, exceto em paraísos fiscais, assim considerados os países que não tributem a renda ou que a tributem à alíquota máxima inferior a 20%; ou
  b) pessoa física.
- 15% quando auferido por pessoa jurídica.

A Lei nº 12.431, de 24 de junho de 2011, consolidou o estabelecimento de um regime tributário privilegiado para ativos e instrumentos financeiros destinados ao financiamento do investimento de longo prazo. A lei trata da emissão de debêntures incentivadas sob condições determinadas, em benefício de projetos em áreas como logística, transporte, mobilidade urbana e saneamento básico, entre outras consideradas prioritárias no Decreto nº 8.874, de 11 de outubro de 2016. Estas debêntures são denominadas debêntures infraestrutura.

Saliente-se que os rendimentos tributados exclusivamente na fonte, como os rendimentos decorrentes das debêntures infraestrutura, podem ser excluídos na apuração do lucro real, e as perdas apuradas nas operações com cotas dos referidos fundos, quando realizadas por pessoa jurídica tributada com base no lucro real, não serão dedutíveis na apuração do lucro real. Assim, transcrevemos a seguir o art. 2º da Lei nº 12.431, de 24 de junho de 2011, que trata da matéria.

> Lei nº 12.431/2011
> Art. 2º. No caso de debêntures emitidas por sociedade de propósito específico, constituída sob a forma de sociedade por ações, dos certificados de recebíveis imobiliários e de cotas de emissão

de fundo de investimento em direitos creditórios, constituídos sob a forma de condomínio fechado, relacionados à captação de recursos com vistas em implementar projetos de investimento na área de infraestrutura, ou de produção econômica intensiva em pesquisa, desenvolvimento e inovação, considerados como prioritários na forma regulamentada pelo Poder Executivo federal, os rendimentos auferidos por pessoas físicas ou jurídicas residentes ou domiciliadas no País sujeitam-se à incidência do imposto sobre a renda, exclusivamente na fonte, às seguintes alíquotas:

I - 0% (zero por cento), quando auferidos por pessoa física; e

II - 15% (quinze por cento), quando auferidos por pessoa jurídica tributada com base no lucro real, presumido ou arbitrado, pessoa jurídica isenta ou optante pelo Regime Especial Unificado de Arrecadação de Tributos e Contribuições devidos pelas Microempresas e Empresas de Pequeno Porte (Simples Nacional).

§ 1º. O disposto neste artigo aplica-se somente aos ativos que atendam ao disposto nos §§ 1º, 1º-A, 1º-B, 1º-C e 2º do art. 1º, emitidos entre a data da publicação da regulamentação mencionada no § 2º do art. 1º e 31 de dezembro de 2030.

§ 1º-A. As debêntures objeto de distribuição pública, emitidas por concessionária, permissionária, autorizatária ou arrendatária, constituídas sob a forma de sociedade por ações, para captar recursos com vistas em implementar projetos de investimento na área de infraestrutura ou de produção econômica intensiva em pesquisa, desenvolvimento e inovação, considerados como prioritários na forma regulamentada pelo Poder Executivo federal também fazem jus aos benefícios dispostos no caput, respeitado o disposto no § 1º.

§ 1º-B. As debêntures mencionadas no caput e no § 1º-A poderão ser emitidas por sociedades controladoras das pessoas jurídicas mencionadas neste artigo, desde que constituídas sob a forma de sociedade por ações.

§ 2º. O regime de tributação previsto neste artigo aplica-se inclusive às pessoas jurídicas relacionadas no inciso I do art. 77 da Lei nº 8.981, de 20 de janeiro de 1995.
§ 3º. Os rendimentos tributados exclusivamente na fonte poderão ser excluídos na apuração do lucro real.
§ 4º. As perdas apuradas nas operações com os ativos a que se refere este artigo, quando realizadas por pessoa jurídica tributada com base no lucro real, não serão dedutíveis na apuração do lucro real.
§ 5º. Ficam sujeitos à multa equivalente a 20% (vinte por cento) do valor captado na forma deste artigo não alocado no projeto de investimento, a ser aplicada pela Secretaria da Receita Federal do Brasil do Ministério da Fazenda:
I - o emissor dos títulos e valores mobiliários; ou
II - o cedente, no caso de certificados de recebíveis imobiliários e fundos de investimento em direitos creditórios.
§ 6º. O controlador da sociedade de propósito específico criada para implementar o projeto de investimento na forma deste artigo responderá de forma subsidiária com relação ao pagamento da multa estabelecida no § 5º.
§ 7º. Os rendimentos produzidos pelos valores mobiliários a que se refere este artigo sujeitam-se à alíquota reduzida de imposto de renda ainda que ocorra a hipótese prevista no § 5º, sem prejuízo da multa nele estabelecida.
§ 8º. Para fins do disposto neste artigo, consideram-se rendimentos quaisquer valores que constituam remuneração do capital aplicado, inclusive ganho de capital auferido na alienação.

Tributação aplicável

Como adiantamos, os rendimentos auferidos em operações de renda fixa são, em geral, tributados pela tabela regressiva de

IRRF, segundo a qual as alíquotas de imposto aplicáveis decrescem conforme o prazo da operação se estende.

Essa sistemática de tributação foi inicialmente prevista na Medida Provisória nº 206, editada em 6 de agosto de 2004, e posteriormente convertida na Lei nº 11.033/2004. O objetivo principal da nova legislação foi buscar o incentivo da poupança de longo prazo, além de propiciar, para o Tesouro Nacional, o alongamento do prazo médio dos títulos e a consequente redução dos custos da dívida pública.

> Lei nº 11.033/2004
> Art. 1º. Os rendimentos de que trata o art. 5º da Lei nº 9.779, de 19/01/1999, relativamente às aplicações e operações realizadas a partir de 1º de janeiro de 2005, sujeitam-se à incidência do imposto de renda na fonte, às seguintes alíquotas:
> I - 22,5% (vinte e dois inteiros e cinco décimos por cento), em aplicações com prazo de até 180 (cento e oitenta) dias;
> II - 20% (vinte por cento), em aplicações com prazo de 181 (cento e oitenta e um) dias até 360 (trezentos e sessenta) dias;
> III - 17,5% (dezessete inteiros e cinco décimos por cento), em aplicações com prazo de 361 (trezentos e sessenta e um) dias até 720 (setecentos e vinte) dias;
> IV - 15% (quinze por cento), em aplicações com prazo acima de 720 (setecentos e vinte) dias.

As regras descritas na Lei nº 11.033/2004 não se aplicam aos títulos de capitalização, que são tributados conforme determina o art. 54 da Instrução Normativa (IN) RFB nº 1.585, de 31 de agosto de 2015, que reproduzimos:

> Art. 54. Os rendimentos auferidos em operações com títulos de capitalização sujeitam-se à incidência do imposto sobre a renda na fonte às seguintes alíquotas:

I - 30% (trinta por cento), sobre o pagamento de prêmios em dinheiro, mediante sorteio, sem amortização antecipada;
II - 25% (vinte e cinco por cento) sobre:
a) os benefícios líquidos resultantes da amortização antecipada, mediante sorteio; e
b) os benefícios atribuídos aos portadores dos referidos títulos nos lucros da empresa emitente; e
III - 20% (vinte por cento), nas demais hipóteses, inclusive no caso de resgate sem ocorrência de sorteio.
§ 1º. O imposto de que trata este artigo será devido na data do pagamento, sendo responsável pela retenção a pessoa jurídica que pagar o rendimento.
§ 2º. O imposto sobre a renda retido na fonte deverá ser recolhido até o 3º (terceiro) dia útil subsequente ao decêndio de ocorrência dos fatos geradores.

Fundos de investimento

Conceito geral

Fundos de investimento são uma forma de aplicação coletiva em que o caráter da mutualidade está presente.

Conforme definido pela IN CVM nº 409, de 18 de agosto de 2004, a qual dispõe sobre a constituição, a administração, o funcionamento e a divulgação de informações dos fundos de investimento,

> o fundo de investimento é uma comunhão de recursos, constituída sob a forma de *condomínio*, destinado à aplicação em títulos e valores mobiliários, bem como em quaisquer outros ativos disponíveis no mercado financeiro e de capitais, obser-

vadas as disposições desta Instrução [IN CVM nº 409/2004, art. 2º, grifo nosso].

Os fundos de investimento apresentam vantagens em relação às demais modalidades de investimento, sobretudo para os pequenos aplicadores. Isso porque a aplicação de recursos nesses condomínios permite o acesso a determinados mercados e ativos que o investidor não conseguiria atingir sozinho, se não fizesse parte de uma comunhão de bens.

Os rendimentos e ganhos líquidos, ou de capital, auferidos pelas carteiras dos fundos de investimento são isentos de tributação pelo imposto de renda, à exceção dos fundos de investimento imobiliários. Ou seja, os rendimentos auferidos pela carteira própria do fundo – que compõem o patrimônio do condomínio – não são tributados pelo imposto de renda. A tributação apenas atingirá os rendimentos quando eles forem pagos aos cotistas.

Os fundos de investimento são regidos por um regulamento próprio, elaborado pelo administrador do fundo de investimento, e seu funcionamento depende de prévia autorização da CVM.

A seguir, relacionamos as principais figuras e características dos fundos de investimento:

- *Administrador*. É a pessoa natural ou jurídica, devidamente credenciada pela CVM, que representa o fundo de investimento. Em resumo, é a figura que, legalmente, atua em nome do fundo.
- *Gestor da carteira*. É a pessoa natural ou jurídica, devidamente credenciada pela CVM, que tem a função principal de gerir o patrimônio do fundo, selecionando as melhores oportunidades de aplicação desse patrimônio.
- *Regulamento*. É um documento, elaborado pelo administrador, no qual estão estabelecidas as regras básicas de funcio-

namento do fundo. Entre essas regras, merecem destaque aquelas que se referem aos ativos que serão adquiridos e as que se referem às estratégias de investimento adotadas e diretamente relacionadas com o risco do investimento.

- *Prospecto.* É o documento que apresenta as informações relevantes para o investidor, relativas à política de investimento do fundo, aos riscos envolvidos, aos principais direitos e responsabilidades dos cotistas e dos administradores, bem como apresenta a tributação relativa ao fundo e aos cotistas.
- *Assembleia geral de cotistas.* É a reunião realizada entre os cotistas, com a finalidade de tomar decisões importantes quanto à administração do patrimônio do fundo.
- *Patrimônio.* Os fundos de investimento têm patrimônio próprio, dividido em cotas que pertencem aos cotistas. Assim, os aplicadores são titulares das cotas dos fundos de investimento e não dos ativos que compõem sua carteira.
- *Valor da cota.* Resultado da divisão do patrimônio líquido pela quantidade de cotas emitidas pelo fundo.

A legislação permite diversas modalidades de fundos de investimento, sendo que, para algumas dessas modalidades, a tributação aplicável difere da regra geral – conforme verificaremos nos itens seguintes.

Por hora, cabe pontuarmos duas distinções importantes. A primeira delas diz respeito ao prazo para resgate de cotas, considerando que os fundos podem ser abertos ou fechados.

Fundos de condomínio aberto são aqueles em que os cotistas podem solicitar o resgate de suas cotas a qualquer tempo, independentemente do prazo do investimento.

Por sua vez, os *fundos de condomínio fechado* são aqueles em que as cotas somente podem ser resgatadas ao término do prazo de duração do fundo. Nesse caso, caso o cotista necessite reaver seu investimento antes do término do prazo para resgate, as cotas poderão ser negociadas em mercado secundário.

Outra distinção aplicável refere-se aos ativos objeto do fundo de investimento, distinguindo-se os fundos de investimento dos fundos de investimento em cotas.

Os *fundos de investimento* (FI) investem sua carteira em diversos ativos, entre eles títulos públicos e privados, ações, cotas de outros fundos e demais ativos ou operações admitidas nos mercados financeiro e de capitais.

Já os *fundos de investimento em cotas* (FIC) têm como principal ativo as cotas de outros fundos de investimento. Em resumo, as principais operações da carteira de um FIC são aplicações em um FI.

Tributação aplicável aos cotistas de fundos de investimento: norma geral

O IRRF incidente sobre os rendimentos produzidos por aplicações em fundos de investimento é considerado como devido exclusivamente na fonte, de maneira que esses rendimentos não integram a base de cálculo do imposto de renda reportado na declaração de ajuste anual ao final do exercício. Assim, nem o valor do IRRF será compensado na declaração de ajuste anual da pessoa física, nem os rendimentos auferidos na aplicação serão considerados valores a serem tributados no ato da formalização da citada declaração.

Para fins tributários, os fundos de investimento têm regras claras dividindo-os em fundos considerados de renda fixa e fundos de ações. Iniciamos com os fundos de investimento considerados de renda fixa.

Os chamados *fundos de renda fixa* são classificados, para fins tributários, em fundos de investimento de *curto* e de *longo prazo*. Em complemento à Lei nº 11.033/2004, foi editada a Lei nº 11.053, de 29 de dezembro de 2004, conversão da Medida Provisória nº 209, de 26 de agosto de 2004.

A Lei nº 11.053/2004, além de tratar da tributação dos planos previdenciários, buscou caracterizar a composição dos fundos de investimento para fins de classificação em curto e longo prazos. Essa divisão leva em conta o prazo dos ativos que compõem a carteira dos fundos de investimento.

Os *fundos de investimento de longo prazo* são aqueles que apresentam carteira de ativos com prazo médio superior a 365 dias, enquanto os *fundos de investimento de curto prazo* apresentam carteira de ativos com prazo médio igual ou inferior a 365 dias.

Os rendimentos auferidos pelos cotistas dos fundos de investimento são tributados conforme as alíquotas de IRRF a seguir, regressivas conforme o prazo da aplicação.

Quadro 3

Alíquotas de tributação (IRRF) – fundos de investimento

Longo prazo	22,5% em aplicações com prazo de até 180 dias
	20% em aplicações com prazo de 181 a 360 dias
	17,5% em aplicações com prazo de 361 a 720 dias
	15% em aplicações com prazo superior a 720 dias
Curto prazo	22,5% em aplicações com prazo de até 180 dias
	20% em aplicações com prazo superior a 180 dias

Vale comentar que os FIC, que são os fundos de investimento que aplicam seu portfólio em cotas de outros fundos, somente serão considerados de longo prazo, permitindo que seus cotistas se beneficiem do sistema de quatro alíquotas regressivas e retenção semestral à alíquota de 15%, caso apliquem, no mínimo, 90% de seu patrimônio em cotas de fundos de investimento de longo prazo.

Sistema de come-cotas

Além da tributação incidente no momento de resgate das cotas, conforme as alíquotas anteriormente expostas, o IRRF também será devido semestralmente pelos cotistas como antecipações do imposto que deverá ser recolhido quando ocorrer o resgate, em uma sistemática de tributação chamada de come-cotas.

Assim, o investidor será tributado pelo IRRF antes mesmo de perceber os rendimentos decorrentes da aplicação no fundo, uma vez que a antecipação do imposto devido ocorrerá antes do resgate das cotas.

Vale ressaltar que a tributação antecipada pelo IRRF sobre a expectativa de rendimentos, ainda não concretizada, contraria o conceito de que tal imposto incide sobre a renda, compreendida como verificação de aumento patrimonial. Ora, se ainda não houve o resgate, ou seja, se os rendimentos decorrentes da aplicação em fundo de investimento ainda não integram o patrimônio do cotista, não haveria que se falar em tributação pelo imposto de renda.

A esse respeito, reproduzimos opinião do eminente professor Roque Carrazza:

> É mister, pois, para fins de tributação por meio do imposto em tela, que a renda nova esteja disponível para seu titular [...]. Assim, por exemplo, um mero título de crédito vencido e não pago, ainda não tipifica, para seu detentor, renda tributável, que só surgirá quando ocorrer o adimplemento e o credor tiver real disponibilidade da quantia que lhe é devida.[9]

[9] CARRAZA, Roque Antonio. *Imposto sobre a renda*. São Paulo: Malheiros, 2005.

Conforme a tributação pela sistemática de come-cotas, o IRRF será devido às alíquotas de 20%, para fundos de curto prazo, e de 15%, para fundos de longo prazo, no último dia útil dos meses de maio e novembro de cada ano, ou no resgate, se ocorrido em data anterior.

Por ocasião do resgate das cotas, será aplicada alíquota complementar de IRRF de acordo com a tabela regressiva transcrita.

O nome come-cotas decorre do fato de que a cobrança do IRRF nessa sistemática ocorre por meio da diminuição da quantidade de cotas que o investidor detém no fundo de investimento. Sendo assim, a tributação não diminui o valor individual de cada cota do fundo, mas diminui a quantidade de cotas detidas, certamente reduzindo o valor total de sua aplicação.

Saliente-se que, especificamente para os fundos de investimento com prazo de carência para resgate de até 90 dias, o IRRF come-cotas incide na data em que se completa cada período de carência, como descrito no § 2º do art. 1º da Lei nº 11.033/2004.

> Lei nº 11.033/2004
>
> Art. 1º. Os rendimentos de que trata o art. 5º da Lei nº 9.779, de 19 de janeiro de 1999, relativamente às aplicações e operações realizadas a partir de 1º de janeiro de 2005, sujeitam-se à incidência do imposto de renda na fonte, às seguintes alíquotas:
>
> [...]
>
> § 2º. No caso dos fundos de investimentos, será observado o seguinte:
>
> I - os rendimentos serão tributados semestralmente, com base no art. 3º da Lei nº 10.892, de 13 de julho de 2004, à alíquota de 15% (quinze por cento), sem prejuízo do disposto no inciso III deste parágrafo;
>
> II - na hipótese de fundos de investimentos com prazo de carência de até 90 (noventa) dias para resgate de quotas com

rendimento, a incidência do imposto de renda na fonte a que se refere o inciso I deste parágrafo ocorrerá na data em que se completar cada período de carência para resgate de quotas com rendimento, sem prejuízo do disposto no inciso III deste parágrafo;

III - por ocasião do resgate das quotas, será aplicada alíquota complementar de acordo com o previsto nos incisos I a IV do *caput* deste artigo.

Lei nº 10.892/2004

Art. 3º. A partir de 1º de outubro de 2004, a incidência do imposto de renda retido na fonte sobre os rendimentos a que se refere o art. 6º da MP 2189, de 23/08/2001, ocorrerá no último dia útil dos meses de maio e de novembro de cada ano, ou no resgate, se ocorrido em data anterior.

Reprise-se que essas são as regras gerais de tributação dos fundos de investimento, aplicáveis aos fundos que investem em renda fixa e são regidos pelas normas gerais aplicáveis a essa espécie de condomínio.

Tributação aplicável aos cotistas de fundos de investimento em ações

Os fundos de investimento em ações têm como característica básica a composição de suas carteiras, que devem ser constituídas por, no mínimo, 67% de ações negociadas no mercado à vista de bolsa de valores ou entidade assemelhada, no país ou no exterior. Para fins da composição dos 67%, são considerados *ações* os seguintes ativos:

- *no Brasil*: recibos de subscrição; certificados de depósito de ações; certificados de depósito de valores mobiliários (*Bra-*

zilian depositary receipts – BDR); cotas dos fundos de ações; e cotas dos fundos de índice de ações negociadas em bolsa de valores ou mercado de balcão organizado;

- *no exterior*: *American depositary receipts* (ADR); *global depositary receipts* (GDR); cotas dos fundos de índice de ações negociadas em bolsas de valores ou mercado de balcão organizado.

Os cotistas dos fundos de investimento em ações são tributados pelo imposto sobre a renda *exclusivamente* no resgate de cotas, à alíquota de 15%. Portanto, não há incidência de IRRF na sistemática de come-cotas nessa espécie de fundo.

A base de cálculo do imposto será constituída pela diferença positiva entre o valor de resgate e o custo de aquisição da cota, considerados pelo seu valor patrimonial.

Os clubes de investimento em ações seguem as mesmas regras estabelecidas para os fundos de investimento em ações.

Tributação aplicável aos cotistas de fundos de investimento fechados

Como comentamos no item "Conceito geral" acima, os fundos de investimento fechados têm como característica não permitir o resgate de cotas a qualquer momento, sendo apenas possível fazê-lo no encerramento do fundo, quer seja por liquidação antecipada ou por chegar ao final o prazo estipulado.

Na amortização de cotas, ou no momento de resgate das cotas – após o término do prazo estipulado –, os rendimentos serão tributados pelo IRRF pelas alíquotas regressivas de acordo com o prazo da aplicação, conforme o art. 1º da Lei nº 11.033/2004, caso o fundo de investimento fechado invista em renda fixa.

Caso o fundo de investimento fechado possa ser enquadrado como fundo de investimento em ações, em razão da composição de sua carteira, o IRRF devido no momento de amortização ou resgate das cotas será devido à alíquota de 15%.

Ademais, também é possível que as cotas sejam alienadas pelos investidores no mercado secundário antes de terminado o prazo para liquidação do fundo de investimento fechado. Nessa hipótese, o ganho de capital auferido na alienação das cotas será tributado à alíquota de 15% conforme a tributação de ganhos líquidos.[10]

Fundo mútuo de privatização-FGTS, inclusive carteira livre

Os rendimentos auferidos nas aplicações em fundo mútuo de privatização, constituídos com recursos do Fundo de Garantia do Tempo de Serviço (FGTS), são tributados pelo imposto sobre a renda à alíquota de 15%.

A base de cálculo sobre qual incide o imposto de renda é composta pela diferença positiva entre o valor do resgate e o valor da aplicação acrescido do rendimento equivalente ao da remuneração das contas vinculadas do FGTS (TR + 3% a.a.).

O imposto será cobrado por ocasião do resgate de cotas, nas hipóteses de movimentação das contas do FGTS previstas na legislação vigente, ou quando ocorrer o retorno dos valores aplicados no fundo mútuo para o FGTS.

Na transferência de cotas de um fundo mútuo de privatização-FGTS para outro fundo da mesma espécie não incide imposto sobre a renda, desde que não haja qualquer disponibilização de recursos para o cotista e nem mude a titularidade do investimento. Nesse caso, o administrador do primeiro fundo deverá informar ao administrador do outro fundo, além do valor

[10] Discorreremos sobre a tributação de ganhos líquidos nos capítulos seguintes, quando tratarmos da tributação de renda variável.

transferido, a data e o valor da aplicação, bem como a taxa de remuneração do FGTS do cotista.

Aplicações em fundos de investimento imobiliário (FII)

Os fundos de investimento imobiliário são regidos pela Lei nº 8.668, de 25 de junho de 1993. Pelas regras de funcionamento, os FII deverão distribuir a seus cotistas, no mínimo, 95% dos lucros auferidos apurados segundo o regime de caixa, com base nos balanços ou balancetes semestrais.

A distribuição de lucros de que aqui se trata está sujeita à tributação pelo imposto de renda. Exceção à regra é a isenção para os cotistas pessoas físicas, desde que satisfeitas as seguintes condições:

- as cotas dos FII sejam admitidas à negociação exclusivamente em bolsas de valores ou no mercado de balcão organizado;
- os FII tenham, no mínimo, 50 cotistas.

Essa isenção não será concedida ao cotista pessoa física, titular de cotas que representem 10% ou mais da totalidade das cotas emitidas pelo FII ou cujas cotas lhe derem direito ao recebimento de rendimento superior a 10% do total de rendimentos auferidos pelo fundo.

Além disso, o FII é o único fundo de investimento, atualmente, que tem os rendimentos de sua carteira tributados pelo IRRF, quando efetua aplicações em ativos de renda fixa ou de renda variável, exceto quando esses ativos são letras hipotecárias, letras de crédito imobiliário e certificados de recebíveis imobiliários, e, ainda, *venda* de cotas de FII. O imposto de renda incidente sobre os rendimentos da carteira poderá ser compensado com o retido na fonte pelo FII quando da distribuição dos lucros obrigatórios. A tributação aplicável aos cotistas, nas diversas situações espelhadas, é a seguinte:

- lucros distribuídos – IRRF 20%;
- rendimentos auferidos nos resgates – IRRF 20%;
- ganhos de capital (alienação) – 15% (tratamento de ganhos líquidos).

O imposto de renda incidente na distribuição de lucros, nos rendimentos auferidos por ocasião dos resgates e nos ganhos de capital será considerado:

- antecipação do devido na declaração, no caso de cotista – pessoa jurídica – tributado com base no lucro real, presumido ou arbitrado;
- tributação exclusiva, nos demais casos.

Fundo de investimento em participações, fundo de investimento em cotas de fundo de investimento em participações e fundo de investimento em empresas emergentes

Os rendimentos auferidos no resgate de cotas de fundo de investimento em participações (FIP), fundo de investimento em cotas de fundo de investimento em participações (FIC FIP) e fundo de investimento em empresas emergentes (FIEE), inclusive quando decorrentes da liquidação do fundo, ficam sujeitos ao imposto sobre a renda na fonte à alíquota de 15%, incidente sobre a diferença positiva entre o valor de resgate e o custo de aquisição das cotas.

Os ganhos auferidos na alienação de cotas desses fundos de investimento serão tributados à alíquota de 15%, conforme a seguir:

1) como ganho líquido, quando auferidos:
   a) por pessoa física em operações realizadas em bolsa;
   b) por pessoa jurídica em operações realizadas dentro ou fora de bolsa;

2) de acordo com as regras aplicáveis aos ganhos de capital na alienação de bens ou direitos de qualquer natureza, quando auferidos por pessoa física em operações realizadas fora de bolsa.

No caso de amortização de cotas, o imposto na fonte incidirá sobre o valor que exceder o respectivo custo de aquisição, à alíquota de 15%.

Essas disposições aplicam-se somente aos fundos que cumprirem os limites de diversificação e as regras de investimento constantes da regulamentação estabelecida pela CVM, como manutenção da carteira de investimentos composta de, no mínimo, 67% de ações de sociedades anônimas, debêntures conversíveis em ações e bônus de subscrição.

Fundos de investimento em índice de mercado – fundos de índice de ações

Os fundos de índice de ações são fundos formados por ações de diversas empresas, que acompanham o movimento dos principais índices da bolsa.

> Na integralização de cotas por meio da entrega de ações, fica o administrador do fundo que receber as ações a serem integralizadas responsável pela cobrança e recolhimento do imposto sobre a renda incidente sobre o ganho de capital [...] à alíquota de 15% [...], devendo recolhê-lo até o 3º (terceiro) dia útil subsequente ao decêndio de ocorrência dos fatos geradores [art. 25 c/c art. 42 da Instrução Normativa RFB nº 1.585, de 31 de agosto de 2015].

O ganho de capital será a diferença positiva entre o preço de fechamento de mercado das referidas ações utilizadas para integralização das cotas e seus respectivos custos de aquisição, aplicando-se o limite de isenção, no valor de R$ 20.000,00, previsto no inciso I do art. 22 da Lei nº 9.250, de 26 de dezembro de 1995 (§1º do art. 25 c/c art. 58 da Instrução Normativa RFB nº 1.585, de 31 de agosto de 2015). Para pessoas físicas, fica isento do imposto de renda o ganho de capital auferido na alienação cujo valor seja inferior a R$ 35.000,00 (inciso II do art. 22 da Lei nº 9.250, de 26 de dezembro de 1995).

Aplica-se à integralização de cotas de fundos de índice de ações, realizadas por meio da entrega de ações, a retenção do imposto sobre a renda na fonte, à alíquota de 0,005%.

Como determina a IN RFB nº 1.585/2015:

> Art. 26. No resgate de cotas em ações, o imposto sobre a renda incidente sobre a diferença positiva entre o valor patrimonial da cota no fechamento do dia do resgate e o valor de integralização ou de aquisição da cota no mercado secundário, conforme o caso, deverá ser retido e recolhido pelo administrador do fundo na forma prevista na legislação vigente.
> § 1º. Na hipótese de aquisição de cotas no mercado secundário, o administrador do fundo exigirá do beneficiário a apresentação da nota de aquisição da cota ou declaração do custo médio de aquisição.
> § 2º. Na falta da apresentação da documentação prevista no § 1º, o custo de aquisição será igual a 0 (zero) conforme previsto no inciso III do § 7º do art. 58.
> [...]
> Art. 27. Na alienação de cotas, o ganho constituído pela diferença positiva entre o valor de alienação da cota e o valor de integralização ou de aquisição da cota no mercado secundário, será tributado:
> I - de acordo com as disposições previstas no art. 56 [sistemática de tributação de ganhos líquidos], para operações realizadas em bolsa;

II - de acordo com as regras aplicáveis aos ganhos de capital na alienação de bens ou direitos de qualquer natureza, em operações realizadas fora de bolsa.

Fundo de investimento em participações em infraestrutura e fundo de investimento em participação na produção econômica intensiva em pesquisa, desenvolvimento e inovação

Os fundos de investimento em participações em infraestrutura (FIP-IE) e os fundos de investimento em participação na produção econômica intensiva em pesquisa, desenvolvimento e inovação (FIP-PD&I) foram instituídos pela Lei nº 11.478, de 29 de maio de 2007, e, conforme a Lei nº 12.431/2011, que a altera (art. 4º), têm por objetivo, respectivamente, o investimento no território nacional em novos projetos de infraestrutura e de produção econômica intensiva em pesquisa, desenvolvimento e inovação.

Os rendimentos auferidos no resgate de cotas de FIP-IE e de FIP-PD&I, inclusive quando decorrentes da liquidação do fundo, ficam sujeitos à incidência do IRRF fonte à alíquota de 15% sobre a diferença positiva entre o valor de resgate e o custo de aquisição das cotas.

Os ganhos auferidos na alienação de cotas desse fundo de investimento serão tributados:

- à alíquota zero, quando auferidos por pessoa física em operações realizadas em bolsa ou fora de bolsa;
- como ganho líquido, à alíquota de 15%, quando auferidos por pessoa jurídica em operações realizadas dentro ou fora de bolsa (Lei nº 12.431/2011, art. 4º);
- à alíquota zero, quando pagos, creditados, entregues ou remetidos a beneficiário residente ou domiciliado no exterior,

individual ou coletivo, que realizar operações financeiras no País de acordo com as normas e condições estabelecidas pelo CMN (Resolução Bacen nº 4.373), exceto no caso de residente ou domiciliado em país com tributação favorecida, nos termos do art. 24 da Lei nº 9.430, de 27 de dezembro de 1996.

Caso os rendimentos sejam distribuídos à pessoa física, ficam isentos do imposto sobre a renda na fonte e na declaração de ajuste anual das pessoas físicas.

No caso de amortização de cotas, o imposto na fonte incidirá sobre o valor que exceder o respectivo custo de aquisição, à alíquota de 15%.

Essas disposições aplicam-se somente aos fundos que cumprirem os limites de diversificação e as regras de investimento constantes da regulamentação estabelecida pela CVM.

Fundo de investimento com carteira em debêntures

De acordo com a Lei nº 12.431/2011:

> Art. 3º. As instituições autorizadas pela Comissão de Valores Mobiliários ao exercício da administração de carteira de títulos e valores mobiliários poderão constituir fundo de investimento, que disponha em seu regulamento que a aplicação de seus recursos nos ativos de que trata o art. 2º [debêntures] não poderá ser inferior a 85% (oitenta e cinco por cento) do valor do patrimônio líquido do fundo.
>
> § 1º. Os cotistas dos fundos de investimento de que trata o *caput* ou dos fundos de investimentos em cotas de fundo de investimento que detenham, no mínimo, 95% (noventa e cinco por cento) dos seus recursos alocados em cotas dos fundos de investimento de que trata o *caput*, terão sua alíquota do imposto sobre a renda, incidente sobre os rendimentos produzidos pelos fundos de que trata o *caput*, reduzida a:

> I - 0% (zero por cento), quando:
>
> a) pagos, creditados, entregues ou remetidos a beneficiário residente ou domiciliado no exterior, que realizar operações financeiras no País de acordo com as normas e condições estabelecidas pelo Conselho Monetário Nacional, exceto em país que não tribute a renda ou que a tribute à alíquota máxima inferior a 20% (vinte por cento);
>
> b) auferidos por pessoa física;
>
> II - 15% (quinze por cento), quando auferidos por pessoa jurídica tributada com base no lucro real, presumido ou arbitrado e por pessoa jurídica isenta ou optante pelo Simples Nacional.

O fundo de investimento com carteira em debêntures e o fundo de investimento em cotas de fundo de investimento com carteira em debêntures terão prazo máximo de 180 dias após sua constituição para enquadrar a composição da sua carteira no que dispõe a legislação.

Passado esse prazo, o fundo será eventualmente reenquadrado, perdendo o direito à tributação favorecida (vide o disposto no § 6º do art. 34 da Instrução Normativa RFB nº 1.585, de 31 de agosto de 2015).

Cumpre repisar que os rendimentos tributados exclusivamente na fonte poderão ser excluídos na apuração do lucro real. Por sua vez, as perdas apuradas nas operações com cotas dos referidos fundos, quando realizadas por pessoa jurídica tributada com base no lucro real, não serão dedutíveis na apuração do lucro real.

Aplicações financeiras de renda variável

Como expusemos no item "Principais títulos em circulação no mercado", as aplicações financeiras de renda variável são investimentos nos quais há imprevisibilidade quanto aos resultados que serão alcançados, uma vez que sua remuneração ou retorno não pode ser dimensionado no momento da aplicação.

Entre as possíveis aplicações de renda variável estão as ações, quinhões de capital, o ouro (na condição de ativo financeiro, ou seja, quando adquirido com a finalidade de investimento) e os contratos negociados nas bolsas de valores, de mercadorias, de futuros e assemelhados – ressalvadas as operações de mútuo ou de compra vinculada à revenda, cujo objeto seja ouro na condição de ativo financeiro, uma vez que essas operações são equiparadas a operações de renda fixa.

Nos mercados de renda variável a tributação incide quando são verificados os ganhos de capital, ou ganhos líquidos, conforme veremos a seguir.

Mercados à vista

Como expusemos no item "Noções de mercado", o mercado à vista é aquele em que a liquidação das operações nele negociadas ocorre no presente, em $D + 3$.

Nos mercados à vista, o fato gerador do imposto de renda é a ocorrência de ganho na alienação, em mercado secundário, de ações ou ouro.[11]

Entende-se por ganhos líquidos a sistemática de tributação do imposto de renda incidente sobre os ganhos, líquidos de custos e despesas, auferidos por qualquer beneficiário, inclusive pessoa jurídica isenta, em operações realizadas nas bolsas de valores, de mercadorias, de futuros e assemelhadas.[12]

---

[11] É importante notar que, sempre que aqui nos referirmos à palavra "ouro", queremos empregá-la no sentido de ouro na condição de ativo financeiro, negociado com a finalidade de investimento.

[12] Repise-se que são consideradas bolsas de valores, de mercadorias e de futuros as entidades cujo objeto social seja análogo ao das referidas bolsas e que funcionem sob a supervisão e fiscalização da Comissão de Valores Mobiliários (CVM).

Ganhos líquidos = ganhos – (custos + prejuízos)

Ganhos: ganhos auferidos em todas as operações encerradas no mês, sujeitas a tributação pela sistemática de ganhos líquidos.

Custos: custos e despesas incorridos nas operações encerradas no mês (exs.: emolumentos, taxa de corretagem).

Prejuízos: compensação de prejuízos incorridos no mês em uma ou mais modalidades de operações sujeitas a tributação pela sistemática de ganhos líquidos. Há exceção para os prejuízos em operações *day-trade*, que apenas podem ser compensados com ganhos em operações *day-trade*.

Sobre o ganho líquido apurado mensalmente, incide imposto de renda à alíquota de 15%.

A responsabilidade tributária pelo recolhimento do imposto de renda recai sobre o próprio contribuinte, que tem até o final do mês seguinte ao da apuração para efetuar o pagamento do imposto calculado.

Ficam isentos do imposto de renda os ganhos líquidos auferidos por pessoa física quando o total das alienações de ações no mercado à vista de bolsas de valores no mês não exceder R$ 20.000,00.

Adicionalmente, há incidência de *IRRF complementar*, à alíquota de 0,005%, incidente em razão da realização de operação nos mercados à vista, a termo, de opções, futuro e de alienação de cota de fundo de investimento em ações.

O IRRF complementar é também conhecido como dedo-duro. Isso porque sua hipótese de incidência tem finalidade extrafiscal, uma vez que a arrecadação de divisas não é seu principal objetivo. Na realidade, a finalidade do IRRF complementar é informar à Receita Federal do Brasil a realização de operação no mercado financeiro e de capitais, possibilitando a melhor fiscalização dessas transações.

A base de cálculo do IRRF complementar varia a depender do ativo transacionado, conforme a seguir:

- futuro: soma algébrica dos ajustes diários, se positiva, apurada por ocasião do encerramento da posição, antecipadamente ou no seu vencimento;
- opções: soma algébrica de todos os prêmios pagos ou recebidos no dia;
- ações e demais mercados à vista: valor da alienação dos ativos;
- termo: o valor da liquidação financeira previsto no contrato (no caso de *non deliverable forward* – NDF).

A responsabilidade pela retenção ou recolhimento é da instituição intermediadora que receber diretamente a ordem do cliente, sendo esse papel, geralmente, competência das corretoras de valores mobiliários.

O imposto retido na fonte poderá ser (1) deduzido do imposto sobre ganhos líquidos apurados no mês; (2) compensado com o imposto incidente sobre ganhos líquidos apurados nos meses subsequentes; (3) compensado na declaração de ajuste anual se, após a dedução de que tratam os itens 1 e 2, houver saldo de imposto retido.

Operações de *day-trade*

São chamadas de *day-trade* as operações, ou conjugação de operações, iniciadas e encerradas em um mesmo dia, feitas com os mesmos ativos, em que a quantidade tenha sido liquidada total ou parcialmente.

Ganhos líquidos em operações de day-trade: os ganhos líquidos apurados mensalmente serão tributados pelo imposto de renda, à alíquota de 20%.

Rendimentos em operações de day-trade: são considerados *rendimentos* os resultados positivos apurados no encerramento das referidas operações, sendo admitida a compensação de perdas incorridas também em operações de *day-trade* realizadas no mesmo dia. Para apuração dos rendimentos, as operações são consideradas com base na ordem em que foram realizadas, considerando-se o primeiro negócio de compra com o primeiro de venda, ou o primeiro negócio de venda com o primeiro negócio de compra, e assim sucessivamente. Sobre o valor apurado, diariamente, como rendimento, haverá a incidência de imposto de renda à alíquota de 1%.

Saliente-se que a isenção de imposto de renda para operações até R$ 20.000,00, prevista para negociações no mercado à vista, não se aplica às operações de *day-trade*.

Ações negociadas fora de bolsa — ganho de capital

As entidades encarregadas do registro de transferência de ações negociadas fora de bolsa, sem intermediação, estão obrigadas a apresentar a declaração de transferência de titularidade de ações (DTTA).

Essa declaração foi instituída pela IN RFB nº 892, de 18 de dezembro de 2008, que determina:

> Art. 2º. A DTTA será apresentada na hipótese de o alienante deixar de exibir o documento de arrecadação de receitas federais que comprove o pagamento do imposto de renda sobre o ganho de capital incidente na alienação, ou declaração de inexistência de imposto devido em até 15 (quinze) dias após vencido o prazo legal para seu pagamento.

De acordo com o parágrafo único do art. 1º da resolução em tela, "considera-se entidade encarregada do registro de transferência de ações negociadas fora de bolsa, sem intermediação":

I - a companhia emissora das ações, quando a própria companhia mantém o livro de "Transferência de Ações Nominativas";
II - a instituição autorizada pela Comissão de Valores Mobiliários (CVM) a manter serviços de ações escriturais quando contratada pela companhia emissora para manutenção do livro de "Transferência de Ações Nominativas";
III - a instituição que receber a ordem de transferência do investidor, no caso de ações depositadas em custódia fungível.

Situações de dispensa de retenção de imposto de renda

Como previsto na IN RFB nº 1.585, de 31 de agosto de 2015:

> Art. 71. Estão dispensados a retenção na fonte ou o pagamento em separado do imposto sobre a renda sobre os rendimentos ou ganhos líquidos auferidos [...]:
> I - em aplicações financeiras de renda fixa, inclusive por meio de fundos de investimento, de titularidade de instituição financeira, agências de fomento, sociedade de seguro, de previdência e de capitalização, sociedade corretora de títulos, valores mobiliários e câmbio, sociedade distribuidora de títulos e valores mobiliários ou sociedade de arrendamento mercantil;
> II - nas operações de renda variável realizadas em bolsa, no mercado de balcão organizado, autorizado pela Comissão de Valores Mobiliários, ou por meio de fundos de investimento, para a carteira própria das entidades citadas no inciso I;
> III - nas aplicações de recursos das provisões, reservas técnicas e fundos de planos de benefícios de entidade de previdência complementar, sociedade seguradora e Fapi, bem como de seguro de vida com cláusula de cobertura por sobrevivência;
> IV - na alienação de participações societárias permanentes em sociedades coligadas e controladas, e de participações societárias que permaneceram no ativo da pessoa jurídica até o término do ano-calendário seguinte ao de suas aquisições.

Conforme o art. 72 da citada resolução, também "está dispensada a retenção do imposto sobre a renda na fonte sobre rendimentos de aplicações financeiras de renda fixa ou de renda variável, quando o beneficiário do rendimento declarar à fonte pagadora, por escrito, *sua condição de entidade imune*". Para tanto, "a entidade deverá apresentar à instituição financeira responsável pela retenção do imposto declaração" que afirma sua condição de entidade imune, na forma do que dispõe o anexo da IN RFB nº 1.022/2010.

Caso não seja apresentada a declaração, o IRRF devido deverá ser retido e recolhido aos cofres da União, independentemente de qualquer alegação de imunidade.

Operações em mercados de derivativos

O mercado de derivativos é composto por operações realizadas nos *mercados a termo, de opções, futuro e operações de swap.*

Mercado de opções

Modalidade de mercado a prazo em que são negociados direitos de comprar (*call*) ou de vender (*put*) determinado ativo, que são negociados com preços e prazos de exercício preestabelecidos. As opções são adquiridas mediante o pagamento de um valor prefixado, chamado de *prêmio*. Temos, portanto:

- *Call*. Negocia-se o direito de comprar um ativo específico a um preço prefixado em data futura e determinada – opção de compra. Na opção de compra, é vantagem exercer o direito se o preço de aquisição do ativo no mercado à vista da data de exercício da opção for superior àquele estipulado no contrato.
- *Put*. Negocia-se o direito de vender um ativo específico a um preço prefixado em data futura e determinada – opção

de venda. Na opção de venda, é vantagem exercer o direito se o preço de aquisição do ativo no mercado à vista na data de exercício da opção for inferior àquele estipulado no contrato.

Note-se que está sendo negociado o direito de vender ou comprar um ativo, de maneira que seu titular é dotado da discricionariedade de exercer, ou não, esse direito.

No mercado de opções, devem ser conceituados os investidores, que são chamados de: *titular* – o comprador da opção, que adquire um direito, tendo a possibilidade de exercê-lo ou não; e o *lançador* – o vendedor da opção, que vende um direito e assume um dever, tendo a obrigação de exercê-lo caso assim lhe obrigue o titular.

No mercado de opções, há duas hipóteses de incidência do imposto de renda, que sempre será devido à alíquota de 15%:

1) Negociando a opção (IRRF):

Base de cálculo (BC) = prêmios recebidos – prêmios pagos

2) Exercendo a opção:

a) Titular da opção de compra

BC = valor da venda à vista (data do exercício) – (preço do exercício + prêmio)

b) Lançador da opção de compra

BC = (preço do exercício + prêmio recebido) – custo da aquisição

c) Titular da opção de venda

BC = preço do exercício – (custo da aquisição + prêmio pago)

d) Lançador da opção de venda

BC = (valor da venda à vista + prêmio) – preço do exercício

Incide, ainda, IRRF complementar à alíquota de 0,005%, cuja base de cálculo é o resultado da soma algébrica dos prêmios pagos e recebidos no dia. As operações de opções são liquidadas no dia seguinte ao de sua realização.

Contratos futuros

As operações no mercado futuro, sobre as quais discorremos em mais detalhes no item "Mercado futuro", acima, compreendem a compra ou a venda de ações, ativos financeiros ou mercadorias a um preço acordado entre as partes, para liquidação em uma data futura específica, previamente determinada. São operações sujeitas a ajustes diários.

O ganho líquido é representado pelo resultado positivo da soma algébrica dos ajustes diários ocorridos em cada mês.

BC = soma algébrica dos ajustes diários

Incide, ainda, IRRF complementar à alíquota de 0,005%, cuja base de cálculo é a soma algébrica dos ajustes diários.

Contratos a termo

O mercado a termo, sobre o qual discorremos em maiores detalhes no item que leva este título, caracteriza-se por operações em que as partes formalizam a compra e venda de ativos, para liquidação futura, com preço e prazo predeterminados no presente. Esses contratos podem ser liquidados antecipadamente, por diferença ou por decurso de prazo.

Em geral, consistem em operações privadas, não padronizadas e que não ocorrem em bolsas, de maneira que não há previsão de ajustes diários. Porém, quando negociadas em bolsas de valores, estão sujeitas a ajustes.

O imposto de renda sobre ganhos líquidos, incidente à alíquota de 15%, será calculado da seguinte forma:

1) Comprador

BC = valor da venda à vista na data da liquidação do contrato – preço estabelecido em contrato

Se o comprador não vender o ativo à vista, na data da liquidação do contrato, o custo de aquisição será igual ao preço da compra a termo.

2) Vendedor a descoberto

BC = preço estabelecido em contrato – preço da compra à vista do ativo para liquidação do contrato

Incide, ainda, IRRF complementar à alíquota de 0,005%, cuja base de cálculo varia a depender da forma de liquidação da operação. Se a liquidação for física, com entrega do ativo, a base de cálculo será a diferença entre o preço a termo e o preço à vista, na data da liquidação. Se a liquidação for financeira, a base de cálculo será o valor da liquidação previsto em contrato.

CONTRATOS DE *SWAP*

Como expusemos em detalhes no item "Modalidades", *supra*, os contratos de *swap* permitem a troca da natureza das taxas de aplicações e captações, possibilitando aos usuários reduzir o custo dos passivos, elevar a rentabilidade dos ativos e alcançar proteção quanto às flutuações adversas de taxas.

Os rendimentos positivos auferidos na liquidação do contrato de *swap* estão sujeitos à tributação do IRRF conforme tabela regressiva, considerando-se o prazo de aplicação.

Na apuração do IRRF, poderão ser considerados custo da operação os valores pagos a título de cobertura (prêmio) contra eventuais perdas incorridas nas operações de *swap*.

Compensação de perdas

Fundos de investimento

A Instrução Normativa RFB nº 1.585, de 31 de agosto de 2015, formalizou a possibilidade de compensação de perdas nos resgates de cotas de fundos de investimento quando o resgate importar prejuízo ao cotista, deixando a cargo dos administradores dos fundos de investimento a decisão de aplicar os procedimentos de compensação.

Como "prejuízo em resgate de cotas" entende-se a diferença negativa apurada entre o valor da cota de aplicação e o valor da cota de resgate. Por exemplo, vejamos a seguinte situação:

Cota de aplicação	R$ 1.500,00	Aplicação	R$ 1.500,00
Cota de resgate	R$ 1.388,00	Resgate	R$ 1.388,00
Valor do prejuízo a compensar			R$ 112,00

Quando houver resgate total das cotas, as perdas ocorridas deverão ser aproveitadas até o final do ano-calendário seguinte ao evento.

Considerando-se o raciocínio inverso, supõe-se que nos resgates parciais os valores de perdas deverão ser mantidos até que haja o resgate total, embora esse entendimento não esteja claramente expresso na legislação pertinente.

Com a entrada em vigor das leis nº 11.033/2004 e nº 11.053/2004, a compensação de perdas em fundos de investimento passou a obedecer ao critério da mesma alíquota, ou seja, a partir de janeiro de 2005, somente são compensadas as perdas apuradas em fundos de investimento sujeitos à mesma classe tributária.

Atualmente, essa possibilidade de compensação está disciplinada pelo art. 15 da IN RFB nº 1.585, de 31 de agosto de 2015:

Art. 15. As perdas apuradas no resgate de cotas de fundos de investimento poderão ser compensadas com rendimentos auferidos em resgates ou incidências posteriores, no mesmo ou em outro fundo de investimento administrado pela mesma pessoa jurídica, desde que sujeitos à mesma classificação, devendo a instituição administradora manter sistema de controle e registro em meio magnético que permita a identificação, em relação a cada cotista, dos valores compensáveis.
§ 1º. Para efeitos do disposto neste artigo, considera-se perda a diferença negativa entre o valor do resgate e o valor da aplicação acrescido dos rendimentos tributados anteriormente.
§ 2º. Quando houver resgate total de cotas em todos os fundos de investimento administrados pela mesma instituição, o valor das perdas deverá permanecer nos sistemas de controle e registro da referida instituição até o final do ano-calendário seguinte ao do resgate.
§ 3º. Em relação aos fundos que adotarem o critério do custo médio de cotas, o valor da perda será adicionado ao custo das cotas restantes, se o resgate houver sido parcial, ou ao valor das aplicações posteriores, se total, observado o prazo de que trata o § 2º.
§ 4º. O disposto neste artigo aplica-se inclusive quando houver substituição do administrador do fundo, em relação às perdas apuradas pelo cotista em resgates anteriores.
§ 5º. Na hipótese da intermediação referida no inciso II do art. 17, a compensação de que trata o caput poderá ser feita com rendimentos auferidos em resgates ou incidências posteriores no mesmo ou em outro fundo de investimento, desde que intermediado ou administrado pela mesma pessoa jurídica, cabendo a esta a manutenção e controle.

Ações e derivativos

Para fins de apuração e pagamento do imposto mensal sobre os ganhos líquidos, as perdas incorridas nas operações nos mercados à vista, mercado de opções, mercados a termo e mercados futuros poderão ser compensadas com os ganhos líquidos auferidos, no próprio mês ou nos meses subsequentes, inclusive nos anos-calendário seguintes, em outras operações realizadas em qualquer uma dessas modalidades operacionais, exceto no caso de perdas em operações de *day-trade*, que somente serão compensadas com ganhos auferidos em operações da mesma espécie.

Tributação de planos de previdência e Fapi

Conceitos[13]

Para fins de aplicação da Lei nº 11.053, de 29 de dezembro de 2004, que dispõe sobre a tributação dos planos de benefícios de caráter previdenciário, é necessário conhecer os conceitos instituídos pela Lei Complementar nº 109, de 29 de maio de 2001, que regula o regime de previdência complementar, a saber:

- *Plano de contribuição definida*. Como o próprio nome indica, as contribuições são fixadas previamente no regulamento do plano. O saldo de conta acumulado em nome do participante é composto pelas contribuições pessoais, patronais e a rentabilidade ganha na aplicação desses recursos. O valor do benefício é apurado com base nesse saldo, que será permanentemente ajustado, inclusive na fase do seu recebimento.

[13] Sugerimos a leitura do texto de Carl Emmerson, pesquisador do Institute for Fiscal Studies (IFS) e palestrante no Seminário "Estrutura de Previdência na Europa", em Londres, que trata da taxação da previdência privada na Grã-Bretanha: EMMERSON, Carl. *No Reino Unido, investir na previdência privada é o caminho mais vantajoso do ponto de vista tributário*: as contribuições são isentas de imposto de renda e todos os retornos referentes a fundos por ela administrados estão também isentos. Disponível em: <www.ifs.org.uk>. Acesso em 19 mar. 2011.

- *Plano de contribuição variável*. Plano que conjuga características dos planos de benefícios definido e de contribuição definida. Geralmente os benefícios de risco são benefícios definidos e os programados são de contribuição definida.
- *Entidades abertas de previdência complementar* (EAPC). Regulamentadas pela Superintendência de Seguros Privados (Susep), vinculada ao Ministério da Fazenda.
- *Entidades fechadas de previdência complementar* (EFPC). Regulamentadas pela Superintendência Nacional de Previdência Complementar (Previc), autarquia vinculada ao Ministério da Previdência Social.
- *Prazo de acumulação*. É o tempo decorrido entre o aporte de recursos no plano de benefícios mantido pela entidade de previdência complementar, por sociedade seguradora ou Fapi e o pagamento relativo ao resgate ou ao benefício.
- *Fapi*. São fundos de investimento, criados ao amparo da Lei nº 9.477, de 24 de julho de 1997, com o objetivo de incentivar a previdência privada para pessoas físicas que não tivessem acesso aos planos de previdência complementar privados.

Tributação das operações financeiras realizadas por pessoas jurídicas

Muitas dúvidas surgem quanto a correta tributação dos rendimentos de aplicações financeiras para as empresas optantes pelo regime de tributação pelo lucro presumido e pelo lucro real. Eis uma breve explicação sobre a incidência do IRRF sobre os rendimentos de aplicações financeiras segundo o regime tributário:

- *Pessoas jurídicas tributadas pelo regime de lucro presumido ou arbitrado*. O IRRF incidente sobre rendimentos auferidos nas operações de renda fixa e de *swap* e, ainda, o *imposto de renda* incidente sobre os ganhos líquidos auferidos *em operações de renda variável* serão deduzidos do imposto apurado pelas empresas sujeitas ao regime de lucro presumido e/ou arbitrado. Assim, para esses contribuintes, os impostos pagos em razão das operações apontadas são considerados antecipação do devido. Os rendimentos das aplicações financeiras serão adicionados ao lucro somente quando da alienação, cessão ou do resgate da aplicação.

- *Pessoas jurídicas tributadas pelo regime de lucro real.* O *IRRF* incidente sobre rendimentos auferidos nas operações *de renda fixa* e de *swap* e, ainda, o *imposto de renda* incidente sobre os ganhos líquidos auferidos em *operações de renda variável* serão deduzidos do apurado no encerramento do período. Todo o imposto recolhido durante o período de apuração deve ser considerado antecipação do efetivamente devido. Ou seja, deverão compor o lucro real da pessoa jurídica os rendimentos e ganhos auferidos nas aplicações financeiras.

As perdas incorridas em operações de *day-trade* não podem ser compensadas no cálculo do lucro real, conforme estabelece a Lei nº 8.98110/1995. Essa lei impede, ainda, que os prejuízos apurados em operações de *swap* e em aplicações financeiras em bolsas sejam dedutíveis do lucro real, ou seja, esses prejuízos somente podem ser compensados com lucros da mesma natureza.

- *Pessoas jurídicas isentas e imunes.* As pessoas jurídicas isentas do imposto de renda no regime de apuração normal do referido tributo sofrem incidência, em suas aplicações financeiras, do IRRF e do imposto de renda sobre os ganhos auferidos em operações realizadas em bolsas. Dessa forma, o IR é considerado imposto definitivo.

Está dispensada a retenção do imposto sobre a renda na fonte sobre rendimentos de aplicações financeiras de renda fixa ou de renda variável, quando o beneficiário do rendimento declarar à fonte pagadora, por escrito, sua condição de entidade imune. Conforme dispõe o § 1º do art. 72 da Instrução Normativa RFB nº 1.585, de 31 de agosto de 2015, a entidade deverá apresentar à instituição responsável pela retenção do imposto declaração, em duas vias, assinada pelo seu representante legal.

- *Instituições financeiras*. Justamente em razão do fato de que essas instituições têm por objeto social a realização de operações financeiras, a legislação vigente prevê que o regime geral de tributação dado às operações financeiras, e às operações de renda variável, aplicado às demais empresas não se estende às instituições financeiras.

> Lei nº 8.981/1995
>
> Art. 77. O regime de tributação previsto neste Capítulo não se aplica aos rendimentos ou ganhos líquidos:
>
> I - em aplicações financeiras de renda fixa de titularidade de instituição financeira, inclusive sociedade de seguro, previdência e capitalização, sociedade corretora de títulos, valores mobiliários e câmbio, sociedade distribuidora de títulos e valores mobiliários ou sociedade de arrendamento mercantil;
>
> [...]
>
> III - nas operações de renda variável realizadas em bolsa, no mercado de balcão organizado, autorizado pelo órgão competente, ou através de fundos de investimento, para a carteira própria das entidades citadas no inciso I; [...]

- *Pessoas jurídicas sujeitas ao Simples*. É aplicável a mesma tributação das pessoas físicas, ou seja, o IRRF incide em caráter definitivo.

Imposto sobre operações de crédito, câmbio e seguro, ou relativas a títulos ou valores mobiliários (IOF) – Código Tributário Nacional

O imposto sobre operações de crédito, câmbio e seguro, ou relativas a títulos ou valores mobiliários (IOF) é imposto previsto no art. 153, V, da Constituição Federal, e a competência para instituição é da União.

O IOF é um típico exemplo de tributo extrafiscal, cuja finalidade ultrapassa o objetivo arrecadatório. A instituição desse imposto e mesmo as alterações em suas alíquotas ou hipóteses de incidência têm como finalidade induzir comportamentos nos contribuintes sujeitos à sua tributação, a depender da política empregada pelo governo federal.

Portanto, as disposições sobre o IOF contidas na legislação são verdadeiras normas tributárias indutoras, que servem ao Poder Executivo como instrumento de política cambial e monetária.

Saliente-se que o viés extrafiscal desse tributo é notado em peculiaridades que lhe são pertinentes, as quais podem ser claramente observadas quando comparamos essa espécie tributária às demais, especialmente quando consideramos o respeito a princípios constitucionais tributários.

Justamente em razão de sua finalidade indutora, que busca a consecução de objetivos políticos do governo federal, as normas tributárias relacionadas ao IOF necessitam de agilidade. Por isso, o IOF é exceção ao princípio da anterioridade, insculpido no art. 150, III, "b", da Constituição Federal. Com supedâneo no que dispõe o § 1º desse mesmo artigo, a norma tributária que institua ou majore o IOF pode viger no mesmo exercício financeiro em que houver sido publicada. Portanto, as normas tributárias relacionadas ao IOF têm eficácia imediata, não obedecendo ao princípio da anterioridade.

Outra exceção está relacionada à observância do princípio da legalidade.

Nos termos do que dispõe o art. 150, I, da Constituição Federal, é vedada aos entes federados instituir ou majorar tributos sem lei que o estabeleça, sendo essa a mais forte das limitações constitucionais ao poder de tributar.

Contudo, o art. 153, § 1º, da Constituição Federal dispõe que as alíquotas do IOF poderão ser alteradas pelo Poder Executivo, desde que respeitados limites e condições estabelecidos em lei.

Conclui-se, portanto, que o IOF deve respeito ao princípio da legalidade, não sendo de todo alheio às suas disposições, uma vez que o Poder Executivo tem o poder de alterar suas alíquotas apenas até os limites estabelecidos em lei.

Saliente-se que o IOF não é o único imposto cujo regime foge à observância estrita aos princípios da anterioridade e legalidade.

O imposto de importação (II), o imposto de exportação (que embora esteja previsto na Constituição Federal, não foi instituído) e o imposto sobre produtos industrializados (IPI) comportam as mesmas exceções que o IOF.

Observadas as finalidades de cada um desses impostos, que ultrapassam o fim arrecadatório almejado pelo Estado, fica fácil compreender a razão pela qual não atendem estritamente aos princípios da anterioridade e legalidade.

O IOF, conhecido comumente por imposto sobre operações financeiras é, na realidade, uma sigla que trata de um imposto incidente sobre seis tipos diferentes de operações:

- imposto sobre operações de crédito;
- imposto sobre operações de câmbio;
- imposto sobre operações de seguro;
- imposto relativo a títulos e valores mobiliários;

- imposto sobre operações com ouro;[14]
- imposto sobre operações com derivativos.

Incide, ainda, sobre operações de câmbio, operações de seguro realizadas por seguradoras, operações relativas a títulos ou valores mobiliários, operações com ouro ativo financeiro ou instrumento cambial e operações com derivativos.

Por ser um imposto regulado por decreto, a legislação do IOF impõe alíquotas máximas, de maneira a regular a incidência/não incidência, bem como os limites para sua aplicação.

Atualmente, a regulamentação é feita pelo Decreto nº 6.306, de 14 de dezembro de 2007, e suas diversas alterações, sendo a mais recente a efetuada pelo Decreto nº 8.392, de 20 de janeiro de 2015.

Imposto sobre operações de crédito

O IOF na modalidade incidente sobre as operações de crédito (IOF/crédito) tem como fato gerador a entrega do montante ou do valor que constitua o objeto da obrigação, ou sua colocação à disposição do interessado. Os contribuintes são os tomadores de crédito.

O IOF/crédito incide sobre operações de crédito realizadas: (1) por instituições financeiras; (2) por empresas de prestação de serviços de assessoria creditícia, mercadológica, gestão de crédito, seleção de riscos, administração de contas a pagar e a receber, compra de direitos creditórios resultantes de vendas mercantis a prazo ou de prestação de serviços (*factoring*); (3) entre pessoas jurídicas ou entre pessoa jurídica e pessoa física.

[14] Ouro ativo financeiro ou instrumento cambial.

Imposto sobre operações de câmbio

O IOF na modalidade incidente sobre as operações de câmbio (IOF/câmbio) tem como fato gerador a entrega de moeda nacional, ou de documento que a represente, ou sua colocação à disposição do interessado, em montante equivalente à moeda estrangeira ou nacional entregue ou posta à disposição. Os contribuintes são os compradores ou vendedores de moeda estrangeira.

As alíquotas aplicáveis variam a depender da finalidade da operação de câmbio contratada, podendo oscilar de 0% a 25% – embora a maior alíquota atualmente estabelecida seja de 6,38%.

Imposto sobre operações de seguro

O IOF na modalidade incidente sobre as operações de seguro (IOF/seguro) tem como fato gerador o recebimento do prêmio pago pela contratação do seguro.

A expressão "operações de seguro" compreende seguros de vida e congêneres, seguros de acidentes pessoais e do trabalho, seguros de bens, valores e coisas e outros não especificados.

Imposto sobre operações com ouro

Entende-se por ouro – ativo financeiro ou instrumento cambial – desde sua extração, inclusive o ouro que, em qualquer estado de pureza, em bruto ou refinado, for destinado ao mercado financeiro ou à execução da política cambial do país, em operação realizada com a interveniência de instituição integrante do sistema financeiro nacional, na forma e condições autorizadas pelo Bacen.

O IOF na modalidade incidente sobre as operações com ouro (IOF/ouro) tem como fato gerador sua primeira aquisição, sendo a base de cálculo o preço de aquisição do ouro, no dia da operação, sobre o qual incidirá a alíquota de 1%.

Imposto sobre operações relativas a títulos ou valores mobiliários

O IOF sobre operações relativas a títulos ou valores mobiliários de câmbio (IOF/TVM) incide somente sobre operações que se constituam em negócios realizados com base em títulos e valores mobiliários.

A doutrina brasileira já se manifestou pelo entendimento de que o termo "títulos" abrange os títulos de crédito em geral, e o termo "valores mobiliários" representa direitos resultantes de investimentos, dotados de circulabilidade, corporificados num instrumento ou registrados escrituralmente.

Os contribuintes do IOF/TVM são os adquirentes dos títulos ou valores mobiliários e os titulares de aplicações financeiras e, ainda, em casos específicos, as instituições financeiras e demais autorizadas a funcionar pelo Bacen.

Responsáveis pela cobrança e recolhimento do IOF/TVM

O Decreto nº 6.306, de 14 de dezembro de 2007, define os responsáveis pela cobrança e recolhimento do IOF ao Tesouro Nacional:

> Art. 27. São responsáveis pela cobrança do IOF e pelo seu recolhimento ao Tesouro Nacional:
> I - as instituições autorizadas a operar na compra e venda de títulos e valores mobiliários;
> II - as bolsas de valores, de mercadorias, de futuros e assemelhadas, em relação às aplicações financeiras realizadas em seu nome, por conta de terceiros e tendo por objeto recursos destes;

III - a instituição que liquidar a operação perante o beneficiário final, no caso de operação realizada por meio do SELIC ou da Central de Custódia e de Liquidação Financeira de Títulos – CETIP;
IV - o administrador do fundo de investimento;
V - a instituição que intermediar recursos, junto a clientes, para aplicações em fundos de investimentos administrados por outra instituição, na forma prevista em normas baixadas pelo Conselho Monetário Nacional;
VI - a instituição que receber as importâncias referentes à subscrição das cotas do Fundo de Investimento Imobiliário e do Fundo Mútuo de Investimento em Empresas Emergentes.

Fundos de investimento com carência

O IOF/TVM será cobrado à alíquota 0,5% ao dia sobre o valor de resgate de cotas de fundos de investimento na hipótese de o investidor resgatar cotas antes de completado o prazo de carência para crédito dos rendimentos, limitado à diferença entre o valor da cota, no dia do resgate, multiplicado pelo número de cotas resgatadas, deduzido o valor do imposto de renda, se houver, e o valor pago ou creditado ao cotista, ou seja, limitado ao rendimento.

Demais aplicações de renda fixa

O IOF/TVM é cobrado à alíquota de 1% ao dia sobre o valor do resgate, cessão ou repactuação, limitado ao rendimento da operação, em função do prazo dessas operações.

Quanto maior o prazo da operação, menor será a alíquota de IOF/TVM incidente, sendo que as operações cujo prazo seja maior ou igual a 30 dias estão sujeitas à alíquota zero.

Decreto nº 6.306/2007

Art. 32. O IOF será cobrado à alíquota de um por cento ao dia sobre o valor do resgate, cessão ou repactuação, limitado ao rendimento da operação, em função do prazo, conforme tabela constante do Anexo.

§ 1º. O disposto neste artigo aplica-se:

I - às operações realizadas no mercado de renda fixa;

II - ao resgate de cotas de fundos de investimento e de clubes de investimento, ressalvado o disposto no inciso IV do § 2º.

2º. Ficam sujeitas à alíquota zero as operações, sem prejuízo do disposto no inciso III do § 1º:

I - de titularidade das instituições financeiras e das demais instituições autorizadas a funcionar pelo Banco Central do Brasil;

II - das carteiras dos fundos de investimento e dos clubes de investimento;

III - do mercado de renda variável, inclusive as realizadas em bolsas de valores, de mercadorias, de futuros e entidades assemelhadas;

IV - de resgate de cotas dos fundos e clubes de investimento em ações, assim considerados pela legislação do imposto de renda;

V - com Certificado de Direitos Creditórios do Agronegócio – CDCA, com Letra de Crédito do Agronegócio – LCA, e com Certificado de Recebíveis do Agronegócio – CRA, criados pelo art. 23 da Lei nº 11.076, de 30 de dezembro de 2004;

VI - com debêntures de que trata o art. 52 da Lei nº 6.404, de 15 de dezembro de 1976, com Certificados de Recebíveis Imobiliários de que trata o art. 6º da Lei nº 9.514, de 20 de novembro de 1997, e com Letras Financeiras de que trata o art. 37 da Lei nº 12.249, de 11 de junho de 2010; e

VII - de negociação de cotas de Fundos de Índice de Renda Fixa em bolsas de valores ou mercado de balcão organizado.

Imposto sobre operações com derivativos

O IOF na modalidade incidente sobre as operações com derivativos (IOF/derivativos) incide sobre o valor nocional ajustado, na aquisição, venda ou vencimento de contrato de derivativo financeiro celebrado no país que, individualmente, resulte em aumento da exposição cambial vendida ou redução da exposição cambial comprada.

Atualmente, a alíquota de IOF/derivativos está zerada para qualquer espécie de operação.

Tributação de aplicações de não residentes no Brasil

Há duas maneiras de os não residentes investirem no Brasil.

É possível que os não residentes realizem os chamados investimentos diretos ou que invistam seus recursos em aplicações nos mercados financeiro e de capitais, realizando investimento em portfólio.

Os referidos investimentos diretos são regulados pelo que dispõe a Lei nº 4.131, de 3 de setembro de 1962, a qual disciplina a aplicação do capital estrangeiro e as remessas de valores para o exterior.

> Lei nº 4.131/1962
> Art. 1º. Consideram-se capitais estrangeiros, para os efeitos desta lei, os bens, máquinas e equipamentos, entrados no Brasil sem dispêndio inicial de divisas, destinados à produção de bens ou serviços, bem como os recursos financeiros ou monetários, introduzidos no país, para aplicação em atividades econômicas desde que, em ambas as hipóteses, pertençam a pessoas físicas ou jurídicas residentes, domiciliadas ou com sede no exterior.

Diferentemente dos investimentos em portfólio, o investimento direto apresenta uma contrapartida de longo prazo, aumentando os níveis de poupança e de investimentos de um país. No entanto, crescentes ingressos de recursos vinculados a investimentos diretos podem elevar a vulnerabilidade externa de uma economia, especialmente se esse processo não for acompanhado de um aumento na receita de exportações.[15]

Para efeito deste estudo, vamos nos ater aos investimentos em portfólio, que são regidos pela Resolução Bacen nº 4.373, de 29 de setembro de 2014.

De acordo com as disposições trazidas por essa resolução, para investir no Brasil, o investidor estrangeiro deve contratar instituição para atuar como:

- *Representante legal*. Responsável por apresentar todas as informações de registro para as autoridades brasileiras. Quando o representante for uma pessoa física ou jurídica não financeira, o investidor deve nomear uma instituição financeira devidamente autorizada pelo Banco Central, que será corresponsável pelo cumprimento das obrigações do representante.
- *Representante fiscal*. Responsável pelos assuntos tributáveis e fiscais em nome do investidor perante as autoridades brasileiras.
- *Custodiante*. Responsável por manter atualizados os documentos e controlar todos os ativos do investidor estrangeiro em contas segregadas e fornecer, a qualquer momento, informações solicitadas pelas autoridades ou pelo investidor.

Imposto de renda

A legislação brasileira considera, para fins de tributação pelo imposto de renda, a região de origem do capital investi-

[15] MEDINA FILHO, Antonio José. *Determinantes do investimento direto no Brasil*. Dissertação (mestrado) – UFMG, Belo Horizonte, 2005. p. 2.

do, sendo determinante para o regime de tributação aplicável averiguar se os recursos investidos provêm de "paraísos fiscais" ou não.

São considerados paraísos fiscais os países/regiões que não tributam rendimentos em aplicações financeiras ou o façam a uma alíquota inferior a 20%.

A IN RFB nº 1.037, de 4 de junho de 2010, relaciona os países ou dependências considerados pela Receita Federal como sendo de tributação favorecida ou regimes fiscais privilegiados,[16] aos quais se convenciona chamar paraísos fiscais.

Como *regra geral*, os residentes ou domiciliados no exterior sujeitam-se às mesmas normas de tributação pelo imposto sobre a renda previstas para as pessoas físicas residentes ou domiciliadas no país, em relação aos:

- rendimentos decorrentes de aplicações financeiras de renda fixa e em fundos de investimento;
- ganhos líquidos auferidos em operações realizadas em bolsas de valores, de mercadorias, de futuros e assemelhadas;
- ganhos líquidos auferidos na alienação de ouro, ativo financeiro e em operações realizadas nos mercados de liquidação futura, fora de bolsa;
- rendimentos auferidos nas operações de *swap*.

[16] Os países e dependências atualmente listados são: Andorra; Anguilla; Antígua e Barbuda; Aruba; Ilhas Ascensão; Comunidade das Bahamas; Bahrein; Barbados; Belize; Ilhas Bermudas; Brunei; Campione D' Italia; Ilhas do Canal (Alderney, Guernsey, Jersey e Sark); Ilhas Cayman; Chipre; Cingapura; Ilhas Cook; República da Costa Rica; Djibouti; Dominica; Emirados Árabes Unidos; Gibraltar; Granada; Hong Kong; Kiribati; Lebuan; Líbano; Libéria; Liechtenstein; Macau; Ilha da Madeira; Maldivas; Ilha de Man; Ilhas Marshall; Ilhas Maurício; Mônaco; Ilhas Montserrat; Nauru; Ilha Niue; Ilha Norfolk; Panamá; Ilha Pitcairn; Polinésia Francesa; Ilha Queshm; Samoa Americana; Samoa Ocidental; San Marino; Ilhas de Santa Helena; Santa Lúcia; Federação de São Cristóvão e Nevis; Ilha de São Pedro e Miguelão; São Vicente e Granadinas; Seychelles; Ilhas Solomon; Suazilândia; Sultanato de Omã; Tonga; Tristão da Cunha; Ilhas Turks e Caicos; Vanuatu; Ilhas Virgens Americanas; Ilhas Virgens Britânicas; Curaçao; São Martinho; Irlanda.

Para os investidores que apliquem recursos em portfólio no Brasil de acordo com as disposições constantes na Resolução Bacen nº 4.373, de 29 de setembro de 2014 (regime especial), a incidência do imposto sobre a renda se dá na forma dos arts. 88 a 99 da Instrução Normativa RFB nº 1.585, de 31 de agosto de 2015:

- 10% no caso de aplicações nos fundos de investimento em ações, em operações de *swap*, registradas ou não em bolsa, e nas operações realizadas em mercados de liquidação futura, fora de bolsa;
- 15% nos demais casos, inclusive em operações financeiras de renda fixa, realizadas no mercado de balcão ou em bolsa.

A base de cálculo do imposto de renda bem como o momento de sua incidência sobre os rendimentos auferidos pelos investidores sujeitos ao regime especial obedecerão às mesmas regras aplicáveis aos rendimentos de mesma natureza auferidos por residentes ou domiciliados no país, à exceção das aplicações em fundos de investimento, em que ocorrerá, exclusivamente, por ocasião do resgate de cotas.

Não estão sujeitos à incidência do imposto sobre a renda os ganhos de capital auferidos por não residentes sujeitos ao regime especial, em operações (1) realizadas em bolsas de valores, de mercadorias, de futuros e assemelhadas, com exceção das operações conjugadas, e (2) nas operações com ouro, ativo financeiro, fora de bolsa.

É responsável pela retenção e recolhimento do IRRF incidente sobre os rendimentos de operações financeiras auferidos por qualquer investidor estrangeiro a pessoa jurídica com sede no país que efetuar o pagamento desses rendimentos.

Alíquota zero

Há aplicações financeiras específicas cujos rendimentos, quando pagos, entregues, creditados ou remetidos ao exterior estão sujeitos ao IRRF à alíquota zero. A seguir, listamos quais são esses investimentos, em conformidade com a legislação pertinente:

- títulos públicos (Lei nº 11.312/2006);
- cotas de fundos de investimento com carteira com, no mínimo, 98% em títulos públicos federais e exclusivos para investidores não residentes (Lei nº 11.312/2006);
- cotas de Fiee (Lei nº 11.312/2006);
- cotas de FIP e FIC FIP (Lei nº 11.312/2006);
- debêntures infraestrutura (Lei nº 12.431/2011);
- cotas de fundos de investimento com carteira em debêntures (Lei nº 12.431/2011);
- certificado de recebíveis imobiliários (CRI) (Lei nº 12.431/2011).

IOF

As operações realizadas por investidores não residentes são tributadas pelo IOF/câmbio a depender da natureza atribuída às entradas ou saídas de recursos. Com relação à tributação pelo IOF/TVM, os investidores não residentes estão sujeitos às mesmas alíquotas aplicáveis aos investidores domésticos.

2 Setor mineral

Roteiro de estudo

Delimitação da atividade de mineração

O Departamento Nacional de Produção Mineral (DNPM), órgão vinculado ao Ministério de Minas e Energia, cuja atribuição precípua é o planejamento da utilização dos recursos minerais e a fiscalização do exercício das atividades de mineração em todo território nacional, assim define a atividade de mineração:

> Segundo a classificação internacional adotada pela ONU, define-se mineração como sendo a extração, elaboração e beneficiamento de minerais que se encontram em estado natural: sólido, como o carvão e outros; líquido, como o petróleo bruto; e gasoso, como o gás natural. Nesta acepção mais abrangente, inclui a exploração das minas subterrâneas e de superfície (ditas a céu aberto), as pedreiras e os poços, incluindo-se aí todas as atividades complementares para preparar e beneficiar

minérios em geral, na condição de torná-los comercializáveis, sem provocar alteração, em caráter irreversível, na sua condição primária.[17]

Os minerais podem ter diversas finalidades, entre as quais destacam-se: utilização na construção civil, no caso da areia, cascalho e saibro; nas indústrias de bens de capital, a exemplo do aço; na siderurgia, como é o caso do minério de ferro e o carvão; ou apenas de adorno, em se tratando de rochas ornamentais ou do ouro para fabricação de joias.

Portanto, trata-se de um setor abrangente, cuja cadeia se inicia com a extração do mineral destinado à comercialização do produto *in natura* ou à industrialização para posterior comercialização.

Neste capítulo, serão destacados os aspectos tributários mais relevantes que envolvem a atividade de mineração.

Da legislação mineral

Os recursos minerais, inclusive do subsolo, são considerados bens da União, na forma do art. 20, IX, da CRFB/1988, competindo privativamente a esta legislar sobre jazidas, minas, outros recursos minerais e metalurgia (art. 22, VII, da CRFB/1988). Não obstante, por uma questão de organização político-administrativa, a competência será concorrente entre a União, os estados e municípios no que se refere à atividade de registro, acompanhamento e fiscalização das concessões de direitos de pesquisa e exploração de recursos hídricos e minerais em seus territórios (art. 23, XI, da CRFB/1988).

[17] Disponível em: <www.dnpm-pe.gov.br/Geologia/Mineracao.php>. Acesso em: 17 fev. 2015.

A atividade de mineração está atualmente disciplinada no Decreto-Lei nº 227/1967[18] (Código de Mineração). Apesar de este diploma legal ser anterior à Constituição Federal vigente, pode-se afirmar que por esta fora recepcionado porquanto seus dispositivos não confrontam com as normas constitucionais.[19]

Além disso, o Código de Mineração foi atualizado por várias normas legais posteriores, entre as quais destaca-se a Lei nº 9.314/1996, a qual promoveu as modificações mais significativas, razão pela qual pode-se afirmar que o legislador derivado reconheceu a conformidade do Decreto-Lei nº 227/1967 com a Constituição Federal.

Da tributação incidente sobre a mineração

Do fundamento de validade constitucional

Por força do § 3º do art. 155 da CRFB/1988, somente podem incidir ICMS, imposto de importação e imposto de exportação sobre operações relativas a energia elétrica, serviços de telecomunicações, derivados de petróleo, combustíveis e minerais do país.

Há imunidade objetiva abrangendo apenas os demais impostos, isto é, permite-se a *contrario sensu* a incidência das contribuições em geral e taxas.

Sobre o tema, assim destaca Leandro Paulsen:[20]

[18] Está em tramitação na Câmara dos Deputados o Projeto de Lei nº 5.807/2013, que pretende instituir um novo código de mineração no Brasil, o qual já vem despertando grandes debates.

[19] Ver acórdão proferido pelo Tribunal de Justiça do Ceará. Apelação Cível nº 442742-36.2000.8.06.0000. Primeira Câmara Cível. Relator: desembargador José Arísio Lopes da Costa. Julgamento em 30 de junho de 2003. *DJe*, 27 ago. 2003.

[20] PAULSEN, Leandro. *Direito tributário, Constituição e Código Tributário à luz da doutrina e da jurisprudência.* Porto Alegre: Livraria do Advogado, 2014. p. 451.

> A alteração no § 3º, que passou a estabelecer imunidade relativamente a "outro imposto" e não mais a "nenhum outro tributo", como constava na redação original, sepulta as discussões acerca da sujeição ou não das empresas que trabalham nesse ramo de atividade econômica às contribuições sobre o faturamento: COFINS e PIS. É certo que o STF não reconhecia a imunidade. De qualquer forma, agora, a tese dos contribuintes não tem mais sequer como ser sustentada. A par disso, a nova redação abriu espaço para a CIDE sobre operações com combustíveis. Aliás, vide o § 2º do art. 149 e o § 4º do art. 177 da CF, ambos acrescidos pela EC 33/01.

Acerca da incidência do PIS e da Cofins para as empresas que realizam operações de mineração, insta destacar a Súmula nº 659 do STF: "É legítima a cobrança da Cofins, do PIS e do Finsocial sobre as operações relativas a energia elétrica, serviços de telecomunicações, derivados de petróleo, combustíveis e minerais do país".[21]

Observa-se que a imunidade em questão não é extensiva aos produtos industrializados que têm o mineral como matéria-prima, aplicando-se tão somente à operação de mineração, com a consequente saída de produtos não industrializados.

A incidência do ICMS sobre minerais × a extinção do imposto único sobre minerais (IUM)

Com o advento da CRFB/1988 foram extintos do sistema tributário nacional os chamados impostos únicos incidentes sobre minerais, energia elétrica e sobre combustíveis líquidos e gasosos.

[21] BRASIL. Supremo Tribunal Federal. Súmula nº 659. Sessão Plenária de 24 de setembro de 2003. *DJ*, 9 out. 2003, p. 3; *DJ*, 10 out. 2003, p. 3; *DJ*, 13 out. 2003, p. 3.

Não houve, pela sujeição à nova incidência do imposto sobre operações relativas à circulação de mercadorias e sobre prestações de serviços de transporte interestadual e intermunicipal e de comunicação (ICMS), diminuição da carga tributária como se poderia imaginar.

Nesse sentido está a lição de Hugo de Brito Machado:[22]

> A extinção desses impostos federais, todavia, não implicou em redução da carga tributária, posto que os fatos econômicos, que lhe davam suporte, ficaram, com a Nova Constituição, no campo de competência de outras entidades tributantes, vale dizer, tais fatos ficaram sujeitos ao ICMS (estadual) [...].

O ICMS, ainda que as operações e as prestações se iniciem no exterior, não é propriamente um imposto novo.

Esse tributo de competência exclusivamente estadual sucedeu o antigo ICM já cobrado pelos estados e com previsão constitucional no art. 24, II, da Constituição Federal de 1967, então regrado pelo Decreto-Lei nº 406, de 31 de dezembro de 1968.[23]

Entre os tributos previstos em nosso sistema tributário nacional, o legislador constituinte reservou para o ICMS nada mais nada menos que 55 dispositivos, ao passo que, comparativamente à legislação do imposto de renda, cuja arrecadação é também muito vultosa, expressiva e significativa, foram ofertados somente três dispositivos.

---

[22] MACHADO, Hugo de Brito. *Temas de direito tributário*. São Paulo: Revista dos Tribunais, 1994. p. 26.

[23] Emenda Constitucional nº 18, de 1º de outubro de 1965. O antigo ICM surgiu com essa emenda à Constituição de 1946, em substituição ao imposto sobre vendas e consignações (IVC), duramente criticado pelos juristas e economistas da época, em razão do seu efeito "cascata" sobre a economia.

Esses dispositivos atualmente estão regulados pela Lei Complementar nº 87, de 13 de setembro de 1996, que os regulamentou e que já sofreu algumas modificações.[24]

As operações com minerais e a sujeição ao ICMS

Como definido no item anterior, as operações com minerais (*in natura* ou beneficiado) passaram a ser tributadas por esse tributo em substituição ao IUM.

Contudo, para termos uma real dimensão de como esse imposto grava as substâncias minerais, torna-se necessário verificar alguns conceitos básicos e fundamentais que norteiam o estudo e aplicação desse imposto.

É de suma importância definir o termo "operações" para se compreender o alcance de quais operações com minerais estão sujeitas à incidência do ICMS.

Nesse sentido, está o ensinamento de Clélio Chiesa:[25]

> O termo operações aparece na Constituição, pelo menos, cinquenta vezes, em todas com o sentido de negócio jurídico. Como exemplos podem ser citados os artigos 21, VIII; 48, III; 52, V; 52, VII; 52, VIII; 74, III; 153, § 3º, II; 153, § 5º; 155, II; 155, § 2º, II, a; 155, § 2º, II, b; 155, § 2º, IV; 155, § 2º, V, a; 155, § 2º, V, b; 155, § 2º, VI, e muitos outros. O termo "operações" utilizado nos vários dispositivos constitucionais citados tem o sentido, como frisado, de ato jurídico, negócio jurídico, referindo-se a atos juridicamente relevantes para o direito. Denota

[24] Lei Complementar nº 87, de 13 de setembro de 1996. Alterações promovidas pela Lei Complementar nº 102, de 11 de julho de 2000; Lei Complementar nº 114, de 16 de dezembro de 2002; Lei Complementar nº 115, de 26 de dezembro de 2002; Lei Complementar nº 120, de 29 de dezembro de 2005; Lei Complementar nº 138, de 29 de dezembro de 2010.

[25] CHIESA, Clélio. *ICMS*: Sistema constitucional tributário. São Paulo: LTr, 1998. p. 75.

em todas as hipóteses em que aparece a transferência jurídica de um bem.

Desta feita, observa-se que o termo "operações" é empregado para designar fatos ou atos jurídicos, englobando: compra e venda, escambo, dação em pagamento, importação, exportação etc.

Contudo, a simples circulação física, sem mudança da titularidade não constitui hipótese de incidência do ICMS. Por exemplo, se um determinado estabelecimento minerador (a mina) transfere seus produtos minerados até outro estabelecimento da própria empresa, por força da Súmula nº 166 do STJ essa operação não seria gravada pelo ICMS.[26]

Para fins da incidência do ICMS, a circulação física deve estar conjugada com a circulação jurídica, que se materializa pela entrega efetiva da mercadoria ao comprador ou pela entrega simbólica quando há a interveniência, por exemplo, de um armazém geral ou um depósito fechado, em que há mudança tácita do domínio e não da posse indireta pelo comprador.

É de se observar, como visto, que essas operações não constituem operações mercantis, já que não houve a transmissão da propriedade da mercadoria, sendo consideradas meras transferências físicas de um lugar para o outro.

Não obstante, os estados vêm cobrando o ICMS nessas operações, fazendo com que o contribuinte remetente do produto mineral debite o ICMS na operação de origem e proporcione ao estabelecimento destinatário o correspondente crédito destacado na respectiva nota fiscal que acobertar a saída da mercadoria.

Essa regra tem apenas sentido para fins de repartição da receita tributária entre os estados e municípios, como leciona Roque Antonio Carraza:

[26] Enunciado da Súmula nº 166 do STJ: "Não constitui fato gerador do ICMS o simples deslocamento da mercadoria de um para outro estabelecimento do mesmo contribuinte".

> Em outras palavras, cabe ICMS quando a transferência de mercadorias dá-se entre estabelecimentos da mesma empresa, mas localizados em território de pessoas políticas diferentes, desde que se destinem a venda e, portanto, não sejam bens do ativo imobilizado.
>
> A razão disso é simples: a remessa traz reflexos tributários às pessoas políticas envolvidas no processo de transferência (a do estabelecimento de origem e do destino). [...] Logo – e também porque o princípio federativo e o princípio da autonomia distrital inadmitem que Estados e Distrito Federal se locupletem uns às custas dos outros –, concordamos que tais estabelecimentos sejam considerados autônomos pelo menos para fim de tributação do ICMS.

Ademais, deve-se compreender o conceito de "mercadoria" para fins de incidência do ICMS.

Sem dúvida, tanto diante da antiga incidência do IUM quanto dentro do novo contexto de incidência do ICMS com a extinção do primeiro tributo, a substância mineral não deixou de ser considerada mercadoria para fins de sujeição ao "novo" imposto.

Considera-se mercadoria, na definição precisa de Aliomar Baleeiro, um "bem econômico que alguém, com o propósito deliberado de lucro produz para vender ou compra para revender".[27]

O conceito de mercadoria está relacionado à destinação de compra e venda. O Código Comercial, em seu art. 191, prevê que "é unicamente considerada mercantil a compra e venda de efeitos móveis ou semoventes para revendê-los por grosso ou

[27] BALEEIRO, Aliomar. ICM sobre a importação de bens de capital para uso do importador. *Revista Forense*, Rio de Janeiro, v. 250, p. 143, abr./jun. 1975.

a retalho, na mesma espécie ou manufaturados, ou para alugar seu uso, etc.".

Eis os ensinamentos de Carvalho Mendonça:[28]

> A coisa, enquanto se acha na disponibilidade do industrial, que a produz, chama-se produto, manufato; passa a ser mercadoria logo que é objeto de comércio do produtor ou do comerciante por grosso ou a retalho, que a adquire para revender a outro comerciante ou a outro consumidor; deixa de ser mercadoria logo que sai da circulação comercial ou se acha no poder ou propriedade do consumidor.

No mesmo diapasão, destaca-se José Eduardo Soares de Mello:[29]

> Mercadoria é bem corpóreo da atividade empresarial do produtor, industrial e comerciante, tendo por objeto a sua distribuição para consumo, compreendendo-se no estoque da empresa, distinguindo-se das coisas que tenham qualificação diversa, segundo a ciência contábil como é o caso do ativo fixo.

Desse modo, dentro do universo do ICMS e da mineração, o termo "operações" apresenta a dinâmica de ser considerado o processo de movimentação de mercadorias minerais com mudança de titularidade, desde a fonte de produção até o consumidor final.

[28] MENDONÇA, Carvalho de. *Tratado de direito comercial brasileiro*. 3. ed. Parte I. Rio de Janeiro: Freitas Bastos, 1938. p. 18.
[29] MELLO, José Eduardo Soares de. *ICMS teoria e prática*. São Paulo: Dialética, 1996. p. 18.

Previsão constitucional

O imposto estadual referenciado tem sua matriz constitucional insculpida no art. 155, II, que assim estabelece:

> Art. 155. Compete aos estados e ao Distrito Federal instituir impostos sobre:
> [...]
> II - operações relativas à circulação de mercadorias e sobre prestações de serviços de transporte interestadual e intermunicipal e de comunicação, ainda que as operações e as prestações se iniciem no exterior.

Sem dúvida, para o segmento minerador, a mudança foi brutal, radical, bastante significativa e inovadora. Os minerais sujeitavam-se à incidência, como já visto, de um imposto monofásico e de fácil manejo no que concerne tanto às obrigações acessórias quanto à obrigação principal.

Nesse giro, a transição se operou mudando-se de um imposto aparentemente simples quanto aos aspectos mencionados para um imposto de características amplamente diversas, complexas e ainda por cima de natureza não cumulativa.

Como esse tributo estadual contempla o princípio da autonomia dos estabelecimentos, a Constituição não inovou nesse sentido e, por força do disposto no art. 155, II, § 2º, IX, "a" e no inciso XII, continuou a prestigiar o Decreto-Lei nº 406 de 31 de dezembro de 1968, que assim conceitua estabelecimento:[30] "Os estados poderão considerar como contribuinte autônomo cada estabelecimento comercial industrial ou produtor per-

[30] Este decreto-lei ainda é aplicável a determinados casos, por força do disposto no art. 34, § 5º, do Ato das Disposições Constitucionais Transitórias: "Vigente o novo sistema tributário nacional, fica assegurada a aplicação da legislação tributária anterior, no que não seja incompatível com ele e com a legislação referida nos §§ 3º e 4º".

manente ou temporário, do contribuinte, inclusive veículos utilizados por este no comércio ambulante".

Em razão dessa regra, como o segmento minerador pode ter estabelecimentos espalhados, teve de criar para cada um deles uma inscrição estadual e obedecer a toda a legislação de cumprimento de obrigações acessórias como forma de atender à nova estrutura do ICMS.

Princípios constitucionais informadores

O ICMS, bem como os demais impostos previstos na CRFB/1988, se sujeita, em regra, aos princípios gerais inerentes à tributação, mas, como é evidente, apresenta aspectos singulares próprios em decorrência de sua natureza e de seu perfil. Entre esses aspectos e princípios, destacamos os seguintes.

Princípio da legalidade

Tal princípio, insculpido no art. 5º, II, da CRFB/1988 atribui ao ente tributante, dentro de sua competência, instituir o tributo, definindo seu fato gerador, base de cálculo, alíquotas e sujeito passivo.[31]

Princípio da seletividade

O próprio art. 155, § 2º, da CRFB/1988 determina que o tributo estadual referenciado poderá ser seletivo em função da essencialidade das mercadorias e dos serviços.

Nesse sentido pontifica Roque Antonio Carrazza:[32]

[31] "Estrita legalidade": CRFB/1988, art. 150, I; CTN, art. 97.
[32] CARRAZZA, Roque Antonio. *ICMS*. 7. ed. São Paulo: Malheiros, 2001. p. 29.

Ademais, quando a Constituição confere a uma pessoa política um "poder" ela, ipso facto, lhe impõe um "dever". É por isso que se costuma falar que as pessoas políticas têm poderes-deveres (Celso Antônio Bandeira de Mello). No mesmo sentido, Rui Barbosa pontificava: "Claro está que em todo o poder se encerra um dever: o dever de não exercitar o poder, senão dadas as condições, que legitimem o seu uso, mas não deixar de o exercer, nas condições que o exijam". Portanto, a nosso sentir, a seletividade, no ICMS, tanto quanto no IPI, é obrigatória. Melhor elucidando, o ICMS deverá ser seletivo em função da essencialidade das mercadorias e dos serviços.

Princípio da não cumulatividade

A regra constitucional estabelece, em seu art. 155, § 2º, I, da CRFB/1988, que o ICMS será não cumulativo, compensando-se o que for devido em cada operação relativa à circulação de mercadorias ou prestação de serviços com o montante cobrado nos exercícios anteriores pelo mesmo ou outro estado ou pelo Distrito Federal.

Sua regulamentação encontra-se prevista no art. 19 da Lei Complementar nº 87/1996, sendo que essa compensação se dá por meio do lançamento de créditos na escrituração do contribuinte.

Nesse liame, destaca o professor José Eduardo Soares de Mello:[33]

> A expressão "não cumulatividade", por si só, não apresenta nenhum significado, nem permite seja alcançado o verdadeiro

[33] MELLO, José Eduardo Soares de. *ICMS teoria e prática*, 1996, op. cit., p. 153.

designio constitucional, na forma engendrada para plena operacionalidade do ICMS. Inútil tecer considerações de índole econômica e política para compreender o sentido de tal expressão, embora o resultado de sua aplicação possa apresentar implicações de cunho financeiro. Só interessa ao intérprete o conceito eminentemente jurídico.

Conforme delimitado por Geraldo Ataliba e Cléber Giardino, só interessam ao intérprete os critérios norteadores do "abatimento":

> A Constituição não tomou emprestado da economia uma fugidia não cumulatividade, para fazê-la iluminar o sistema de abatimentos. Ao contrário, fez do ICMS e do IPI tributos não cumulativos, exatamente porque os submeteu aos efeitos jurídicos tipicamente produzidos por um determinado sistema de abatimento criado pela própria Constituição (a não cumulatividade é resultado, e não causa, do sistema de abatimentos).[34]

Além dos créditos relacionados às operações de saída das mercadorias, também é possível a apropriação de créditos decorrentes de mercadorias adquiridas para composição do ativo permanente ou destinadas ao uso e consumo.[35]

Entretanto, a própria lei em seu art. 33, restringiu o direito de crédito do contribuinte, ao dispor que somente seria possível a apropriação do crédito de mercadoria destinada ao uso e consumo relativa às entradas a partir de 1º de janeiro de 2020.

[34] ATALIBA, Geraldo; GIARDINO, Cléber. ICM e IPI: direito de crédito, produção e mercadorias isentas ou sujeitas à alíquota zero. *Revista de Direito Tributário*. São Paulo, n. 46, p. 73-89, out./dez. 1988.
[35] Conforme art. 20 da Lei Complementar nº 87/1996.

Observa-se que tal limitação temporal para fruição do crédito já fora objeto de inúmeros questionamentos no Judiciário, sendo que os tribunais superiores consideram legítima essa limitação, *ex vi* o AgRg no AREsp nº 186.016/PE[36] e o RE nº 295.887 AgR/SP.[37]

Nessas circunstâncias, surgiram dúvidas quanto ao tratamento a ser conferido aos produtos intermediários. Segundo o Parecer Normativo da Superintendência de Tributação do Rio de Janeiro nº 10/1975,

> são eles, pois, representados pelos componentes utilizados em menor escala na fabricação do novo produto. Via de regra, consistem em produtos já acabados, provenientes de uma outra indústria e que são empregados no estado em que se apresentam, sem sofrer transformação em função do seu emprego no novo produto.

Quanto ao direito de crédito relativo à aquisição de produtos intermediários, registre-se que se estes forem incorporados fisicamente ao novo produto não haverá qualquer dúvida para manutenção do crédito. Se forem consumidos imediata e integralmente no processo industrial, também poderá ser resguardado o direito de crédito.

Entretanto, doutrina e jurisprudência são vacilantes na última hipótese, sendo que as decisões são casuísticas, dependendo da atividade industrial desenvolvida e dos produtos em relação

[36] BRASIL. Superior Tribunal de Justiça. Segunda Turma. AgRg no AREsp nº 186.016/PE. Relator: ministro Herman Benjamin. Julgamento em 18 de outubro de 2012. Disponível em: <www.stj.jus.br>. Acesso em: 18 de fev. 2015. *DJe*, 5 dez. 2012.

[37] BRASIL. Supremo Tribunal Federal. Segunda Turma. RE 295.887 AgR/SP. Relator: ministro Joaquim Barbosa. Julgamento em 124 de outubro de 2006. *DJ*, 16 fev. 2007. Disponível em: <http://www.stf.jus.br>. Acesso em: 17 fev. 2015.

aos quais se pretende obter o respectivo crédito, conforme se atesta pelo AgRg no AREsp nº 224.082/RS.[38]

No caso das empresas mineradoras, há grande discussão, por exemplo, em relação aos lubrificantes, pneus e câmaras de ar dos veículos utilizados no transporte do mineral.

Princípio da anterioridade

Esse princípio tem por fundamento constitucional a vedação da cobrança de tributos no mesmo exercício financeiro da publicação da lei que os criou ou majorou nos termos do art. 150, III, "b" e "c" da CRFB/1988 ou, em alguns outros casos (não aplicáveis ao ICMS), antes de decorridos 90 dias da data em que haja sido publicada a lei que os instituiu ou aumentou, observado o disposto na alínea "b" (Emenda Constitucional nº 42/2003).

Fato gerador

A Constituição Federal, em seu art. 146, deixou transparente que a lei complementar tem três funções basilares:

1) dispor sobre conflito de competência;
2) regular as limitações constitucionais ao poder de tributar;
3) estabelecer normas gerais regrando o respectivo fato gerador, base de cálculo e contribuintes.

Assim, surgiu a Lei Complementar nº 87, de 13 de setembro de 1996 (intitulada Lei Kandir), como sendo a legislação

[38] BRASIL. Superior Tribunal de Justiça. Segunda Turma. AgRg no AREsp nº 224.082/RS. Relator: ministro Humberto Martins. Julgamento em 18 de outubro de 2012. *DJe*, 25 out. 2012. Disponível em: <www.stj.jus.br>. Acesso em: 18. fev. 2015.

de regência do ICMS, editada oito anos após a promulgação da CRFB/1988.[39]

As hipóteses de incidência previstas na lei complementar mencionada estão disciplinadas no art. 2º, destacando-se, em linhas gerais, a incidência sobre operações relativas à circulação de mercadorias, incluindo a entrada de mercadoria importada no território nacional por pessoa física ou jurídica, ainda que não seja contribuinte habitual do imposto.

Base de cálculo

A base de cálculo é a expressão econômica do fato gerador. Nesse sentido, a regra geral é que a base de cálculo do ICMS incidente sobre operações com mercadorias é o valor da operação, ao passo que na prestação de serviços é o preço do serviço prestado, conforme o art. 13, I, da Lei Complementar nº 87/1996.

O valor tributável a ser utilizado nas operações de venda de minerais pelo estabelecimento minerador será aquele representado pelo preço de venda da mercadoria, acrescido do valor do frete e das demais despesas de seguros, juros e encargos financeiros que sejam cobrados do destinatário.

As transferências de mercadorias entre estabelecimentos do mesmo titular – o que é muito comum no segmento mineral, uma vez que o estabelecimento minerador poderá transferir mercadorias (minérios) para outra unidade operacional da empresa – serão feitas de acordo com a legislação ordinária vigente em seu estado.

[39] Até o advento da Lei Complementar nº 87, de 13 de setembro de 1996, o ICMS, por determinação do ADCT art. 34, § 8º, dispunha que até ser editada a lei complementar necessária à instituição do ICMS poderiam os estados, mediante convênio celebrado nos termos da Lei Complementar nº 24, de 7 de janeiro de 1975, fixar "normas para regular provisoriamente a matéria". Com base nesse dispositivo, foi promulgado pelos secretários de Fazenda, entre outros, o Convênio ICM nº 66, de 14 de dezembro de 1988, que fixou, provisoriamente, as normas para regular o ICMS.

Como base para que os estados estabeleçam sua regra de incidência, a legislação complementar prescreve que a base de cálculo do ICMS nas transferências interestaduais de mercadorias entre estabelecimentos do mesmo contribuinte, deve corresponder ao "custo da mercadoria produzida, assim entendida a soma do custo da matéria-prima, material secundário, mão de obra e acondicionamento" (Lei Complementar nº 87/1996, art. 13, § 4º, II).

Nas operações internas, essa regra permanece quase que a mesma. Contudo, poderá haver o diferimento do ICMS ou até mesmo a suspensão do imposto em determinadas operações.

Alíquotas

Esse aspecto valorativo que incidirá sobre a base de cálculo definida no item precedente tem matriz constitucional no art. 155, § 2º, competindo aos estados, no âmbito de cada unidade federal, por meio de lei estadual, fixar suas alíquotas de ICMS, observado o limite previsto no inciso VI do citado diploma legal. Ao Senado Federal, por resolução, competirá a fixação das alíquotas do ICMS, relativamente às operações interestaduais.

As alíquotas vigentes hoje são as seguintes.

1) *Interestaduais*[40]
   a) regra geral: 12%;[41]
   b) destinatário localizado nas regiões Sul e Sudeste e destinatário das regiões Norte, Nordeste e Centro-Oeste, e ao estado do Espírito Santo: 7%;

[40] A Resolução do Senado de nº 22/1989, em conformidade com o disposto no art. 155, § 2º, IV, da CRFB/1988, estabeleceu as alíquotas aplicáveis nas operações e prestações interestaduais, em função do estado de destinação da mercadoria ou prestação de serviço de transporte e telecomunicações.

[41] Ao interpretar as situações de aplicação da alíquota de 7% na operação interestadual, excepcionalmente, pode-se afirmar por exclusão que a alíquota de 12% será aplicada para a operação com destino aos estados das regiões Sudeste e Sul.

c) operações interestaduais com bens e mercadorias importados do exterior: 4%.[42]

2) *Internas*. A alíquota aplicável será aquela vigente na legislação de cada estado de onde diretamente saiu a mercadoria para o adquirente. Em média, os estados aplicam a alíquota de 18%. Porém, em função do princípio da essencialidade,[43] a alíquota poderá variar de acordo com o tipo de mercadoria. Além disso, também é necessário o pagamento do adicional de ICMS destinado ao Fundo de Erradicação e Combate da Pobreza (FECP), instituído pela EC nº 31/2000, cujo objetivo é "viabilizar a todos os brasileiros acesso a níveis dignos de subsistência". Assim como ocorre com a alíquota do ICMS, compete a cada unidade federada dispor sobre a implementação do adicional destinado ao FECP e o respectivo percentual.

Contribuintes

Como dito, caberá ao legislador complementar definir os contribuintes do ICMS (art. 146, III, da CRFB/1988) e isso consiste em um verdadeiro *bis in idem*, pois o legislador constituinte repetiu essa mesma designação no art. 155, § 2º, XII, "a".

Nesse sentido, destaca-se o art. 4º da Lei Complementar nº 87/1996:

> Contribuinte é qualquer pessoa, física ou jurídica, que realize, com habitualidade ou em volume que caracterize intuito

[42] Resolução do Senado Federal nº 13, de 25 de abril de 2012.

[43] O ICMS é, em princípio, imposto real, assim considerado aquele cobrado em razão de considerações objetivas e econômicas, independentes da situação *pessoal* do sujeito passivo. No entanto, o princípio da seletividade, subprincípio da capacidade contributiva, aplicado facultativamente ao ICMS (art. 155, § 2º, III, da CRFB/1988), pode agregar elemento de personalização ao imposto "e significa que o tributo deve incidir progressivamente na razão inversa da essencialidade dos produtos" (TORRES, Ricardo Lobo. *Curso de direito financeiro e tributário*. 11. ed. Rio de Janeiro: Renovar, 2004. p. 93, 385).

comercial, operações de circulação de mercadoria ou prestações de serviços de transporte interestadual e intermunicipal e de comunicação, ainda que as operações e as prestações se iniciem no exterior.

Operações imunes com minerais

A regra geral de imunidade prevista no texto constitucional está fincada no art. 150, VI, da CRFB/1988. São denominadas pela doutrina dominante como hipóteses de não incidência constitucionalmente qualificadas.

Nos termos do art. 155, § 3º, da CRFB/1988, com a nova redação dada pela Emenda Constitucional nº 33/2001, à exceção dos impostos de que tratam o inciso II do *caput* desse artigo e o art. 153, I e II, nenhum outro imposto poderá incidir sobre operações relativas a energia elétrica, serviços de telecomunicações, derivados de petróleo, combustíveis e minerais do país.

Desse modo, à exceção dos impostos: (1) relativos às operações de circulação de mercadorias e sobre prestações de serviços de transporte interestadual e intermunicipal e de comunicação, ainda que as operações e as prestações se iniciem no exterior; (2) de importação de produtos estrangeiros; (3) de exportação, para o exterior, de produtos nacionais ou nacionalizados, nenhum outro imposto poderá gravar essas mercadorias ou essas prestações de serviços, já que, mesmo fora do capítulo da imunidade tributária prevista no art. 150, VI, da CRFB/1988, nesse conceito se enquadra.

Outro exemplo que também não está contemplado no citado art. 150, VI, mas também pode ser enquadrado como uma regra imunitória, é a não incidência do ICMS sobre as operações de exportação de produtos industrializados, *ex vi* do disposto no art. 155, X, "a", que está assim redigido:

> Art. 155. [...]
> [...]
> X - não incidirá:
> a) sobre operações que destinem mercadorias para o exterior, nem sobre serviços prestados a destinatários no exterior, assegurada a manutenção e o aproveitamento do montante do imposto cobrado nas operações e prestações anteriores; [...]

Desse modo, a própria lei complementar em análise já determinava essa amplitude, que originariamente só se aplicava aos produtos industrializados, deixando de fora da regra da não incidência os produtos primários e os produtos considerados semielaborados.

Dentro desse contexto, muito se discutiu se as operações de transporte sujeitas a incidência do ICMS estariam, igualmente, amparadas pela não incidência do imposto, considerando que o transporte da mercadoria até o porto ou aeroporto de embarque seria parte integrante do processo de exportação, não podendo dele ser dissociado. A Lei Kandir, com o intuito de possibilitar o aumento das exportações nacionais e tornar mais competitivo o produto nacional no concorridíssimo mercado internacional, estipulou, no art. 3º, o seguinte:

> Art. 3º. O imposto não incide sobre:
> [...]
> II - operações e prestações que destinem ao exterior, mercadorias, inclusive produtos primários e produtos industrializados semielaborados, ou serviços.

Nesse giro, considerando a finalidade do referido texto legal, interpretou-se que a regra imunitória englobava as operações de transporte realizadas com essas mercadorias.

A doutrina dominante entende que não incide o tributo estadual em tela, nem antes nem tampouco depois da edição da Emenda Constitucional nº 42/2003. Nesse sentido está José Eduardo Soares de Mello (1996:346):

> Em razão da EC nº 42/03 haver estabelecido que o ICMS não incidirá sobre "serviços prestados a destinatários no exterior" (nova redação ao art. 155, § 2º, X, a), pode-se entender que fica prejudicado o questionamento da incidência do ICMS sobre a prestação de serviços de transporte internacional, uma vez que o tomador de serviços localiza-se no exterior.

A evolução da jurisprudência sobre o assunto segue entendimento do STJ:

> TRIBUTÁRIO. ICMS. TRANSPORTE INTERESTADUAL DE MERCADORIA DESTINADA AO EXTERIOR. ISENÇÃO. ART. 3º, II DA LC 87/96. 1. O art. 3º, II, da LC 87/96 dispôs que não incide ICMS sobre operações e prestações que destinem ao exterior mercadorias, de modo que está acobertado pela isenção tributária o transporte interestadual dessas mercadorias. 2. Sob o aspecto teleológico, a finalidade da exoneração tributária é tornar o produto brasileiro mais competitivo no mercado internacional. 3. Se o transporte pago pelo exportador integra o preço do bem exportado, tributar o transporte no território nacional equivale a tributar a própria operação de exportação, o que contraria o espírito da LC 87/96 e da própria Constituição Federal. 4. Interpretação em sentido diverso implicaria em ofensa aos princípios da isonomia e do pacto

federativo, na medida em que se privilegiaria empresas que se situam em cidades portuárias e trataria de forma desigual os diversos Estados que integram a Federação. 5. Embargos de divergência providos.[44]

No mesmo sentido o STF:

> TRANSPORTE INTERESTADUAL OU INTERMUNICIPAL DE PRODUTOS INDUSTRIALIZADOS DESTINADOS AO EXTERIOR. PRETENDIDA NÃO INCIDÊNCIA DO ICMS. ART. 155, § 2º, X, A, DA [...] SOBRE CIRCULAÇÃO DE MERCADORIAS E SERVIÇOS (ICMS) INCIDÊNCIA, PRESTAÇÃO DE SERVIÇO.[45]

Ocorre, porém, que alguns estados insistem na cobrança abusiva do tributo nessas operações, mesmo considerando o espírito da lei, a forte doutrina que embasa o tema e, ainda, farta jurisprudência, inclusive do STF, condenando essa malsinada incidência.

Tratamento tributário do ouro definido como ativo financeiro × ouro mercadoria

O ouro definido como ativo financeiro não está sujeito ao ICMS e sim ao imposto sobre operações de crédito, câmbio e seguro, ou relativas a títulos ou valores mobiliários (IOF). Essa regra está inserta na CRFB/1988, no art. 153, § 5º, com a seguinte dicção:

[44] BRASIL. Superior Tribunal de Justiça. Embargos de Divergência em Recurso Especial nº 710.260/RO. Relatora: ministra Eliana Calmon. Primeira Seção. Julgamento em 27 de fevereiro de 2008. *DJe*, 14 abr. 2008.

[45] BRASIL. Supremo Tribunal Federal. Recurso Extraordinário nº 196.527. Relator: ministro Ilmar Galvão. Primeira Turma. Julgamento em 6 de abril de 1999. *DJe*, 13 ago. 1999.

> Art. 153. Compete à União instituir impostos sobre:
> [...]
> § 5º. O ouro, quando definido em lei como ativo financeiro ou instrumento cambial, sujeita-se exclusivamente à incidência do imposto de que trata o inciso V do "caput" deste artigo, devido na operação de origem; a alíquota mínima será de um por cento, assegurada a transferência do montante da arrecadação nos seguintes termos:[46; 47]
> I - trinta por cento para o Estado, o Distrito Federal ou o Território, conforme a origem;
> II - setenta por cento para o Município de origem.

A Lei nº 7.766/1989 define o que seja ouro "considerado ativo financeiro ou instrumento cambial":

> Art. 1º. O ouro em qualquer estado de pureza, em bruto ou refinado, quando destinado ao mercado financeiro ou à execução da política cambial do País, em operações realizadas com a interveniência de instituições integrantes do Sistema Financeiro Nacional, na forma e condições autorizadas pelo Banco Central do Brasil, será desde a extração, inclusive, considerado ativo financeiro ou instrumento cambial.
> § 1º. Enquadra-se na definição deste artigo:
> I - o ouro envolvido em operações de tratamento, refino, transporte, depósito ou custódia, desde que formalizado compromisso de destiná-lo ao Banco Central do Brasil ou à instituição por ele autorizada;
> II - as operações praticadas nas regiões de garimpo onde o ouro é extraído, desde que o ouro na saída do Município tenha o mesmo destino a que se refere o inciso I deste parágrafo.

[46] A definição de ouro como ativo financeiro ou instrumento cambial está prevista na Lei nº 7.766, de 11 de maio de 1989.
[47] A Lei Complementar nº 87, de 13 de setembro de 1996, repete a desoneração constitucional, nos termos do art. 3º, IV.

§ 2º. As negociações com o ouro, ativo financeiro, de que trata este artigo, efetuadas nos pregões das bolsas de valores, de mercadorias, de futuros ou assemelhadas, ou no mercado de balcão com a interveniência de instituição financeira autorizada, serão consideradas operações financeiras.

Já a circulação de ouro considerado mercadoria está sujeita à incidência do ICMS devido ao estado em que foi extraído, de acordo com o estabelecido no art. 11, I, "h", da lei complementar *sub examen*:

> Art. 11. O local da operação ou da prestação, para os efeitos da cobrança do imposto e definição do estabelecimento responsável, é:
> I - tratando-se de mercadoria ou bem:
> [...]
> h) o do Estado de onde o ouro tenha sido extraído, quando não considerado como ativo financeiro ou instrumento cambial; [...].

Incentivos fiscais regionais

De acordo com o estabelecido no art. 150, § 6º, da CRFB/1988, qualquer subsídio ou isenção, redução de base de cálculo, concessão de crédito presumido, anistia ou remissão, relativos a impostos, taxas ou contribuições só poderá ser concedido mediante lei específica, federal, estadual ou municipal, que regule exclusivamente as matérias enumeradas ou o correspondente tributo ou contribuição, sem prejuízo do disposto no art. 155, § 2º, XII, "g".

Dessa forma, somente mediante "lei específica" tratando do assunto poderá ser concedido incentivo fiscal, permitindo que o tema seja debatido no Congresso Nacional.

A previsão constitucional *supra* tem o condão de dar uma maior credibilidade a todo o processo administrativo que verse sobre incentivos fiscais. Isso porque impossibilita que seja editada uma lei qualquer sobre as mais diversas matérias e que, nela, um dos artigos contenha dispositivo privilegiando, por exemplo, determinados setores ou segmentos da economia com a concessão de incentivos fiscais.

Entende-se, assim, que a instituição de determinados incentivos deve estar em linha, cumulativamente, com alguns critérios: previsibilidade, razoabilidade, proporcionalidade e disponibilidade no orçamento.

Como forma de viabilizar o empreendimento minerador e o desenvolvimento da região, alguns incentivos fiscais são outorgados como forma de implementá-los, sem o que a atividade mineral não poderia se sustentar e subsistir. Esses incentivos podem ser de natureza federal, estadual e municipal.

Incentivos fiscais vinculados ao ICMS

Para o ICMS, o legislador constitucional estabelece, nos termos da Lei Complementar nº 24, de 7 de janeiro de 1975, que as isenções e os incentivos fiscais sejam concedidos ou alterados por determinação conjunta de todos os estados da Federação, mediante convênio.

A própria Constituição Federal, em seu art. 155, § 2º, XII, "g", estabelece que caberá à lei complementar "regular a forma como, mediante deliberação dos Estados e do Distrito Federal, isenções, incentivos e benefícios fiscais serão concedidos e revogados".

Relativamente a esse tributo, para que um estado conceda um determinado incentivo, terá de haver a aprovação dos demais entes tributantes, nos termos da lei complementar comentada, *verbis*:

> Art. 1º. As isenções do imposto sobre operações relativas à circulação de mercadorias serão concedidas ou revogadas nos termos de convênios celebrados e ratificados pelos Estados e pelo Distrito Federal, segundo esta Lei.

Esses incentivos surgem como forma de subvencionar determinados setores pela exoneração fiscal, objetivando o crescimento econômico.

A legislação em tela não normatizou apenas a concessão de isenções fiscais estaduais, mas também a concessão de crédito presumido, a redução de base de cálculo, a remissão e outros incentivos fiscais a serem concedidos ou revogados com fundamento em convênios interestaduais a serem celebrados pelo Confaz.[48]

Esses atos normativos (convênios) não apresentam a característica de lei em sentido estrito, mas sim uma espécie de compromisso ou pacto, feito e formalizado entre os estados da Federação, em reuniões periódicas realizadas para esse fim.

A não observância desse dispositivo, de acordo com o disposto em seu art. 8º, acarreta a sujeição às seguintes penalidades cumulativamente:

> I - a nulidade de ato e a ineficácia do crédito fiscal atribuído ao estabelecimento recebedor da mercadoria;
> II - a exigibilidade do imposto não pago ou devolvido e a ineficácia da lei ou ato que conceda a remissão do débito correspondente.
> Parágrafo único. Às sanções previstas neste artigo poder-se-ão acrescer a presunção da irregularidade das contas correspondentes ao exercício, a juízo do Tribunal de Contas da União, e

[48] Criação do Confaz: 1996. Regimento Interno: Convênio ICMS nº 133, de 12 de dezembro de 1997.

a suspensão do pagamento das quotas referentes ao Fundo de Participação, ao Fundo Especial e aos impostos referidos nos itens VII e IX do art. 21 da Constituição Federal.

Contudo, essas sanções não estão sendo aplicadas porque esse artigo, segundo a melhor doutrina, não foi recepcionado pela Constituição Federal.

Sobre esse assunto, preleciona o professor José Eduardo Soares de Mello:[49] "Em suma, penso que o art. 8º, I, da LC 24/74 não foi recepcionado pela CRFB/1988, porque esta não veda o direito ao crédito no caso de concessão de incentivo sem amparo em convênio".

Entretanto, aproveitando dessa aplicação inócua do citado art. 8º e como forma de implementar e fomentar determinada região ou setor, os estados, para atraírem investimentos, prometem unilateralmente diversos incentivos fiscais.

Quando, todavia, os estados assim se comportam, burlam a regra da realização de convênios para as concessões de benefícios, dando lugar à chamada guerra fiscal.

Essa guerra fiscal tem sido bastante intensa no Brasil. O país, de dimensões continentais, tem atraído diversos investimentos que, para subsistirem e para serem atrativos, precisam de incentivos dos estados.

O Supremo Tribunal Federal coíbe essa prática e, quando invocado sobre tal tema, assim se pronunciou:[50]

> ICMS: Guerra Fiscal. Concluindo o julgamento de medida cautelar em ação direta de inconstitucionalidade ajuizada pelo governo do estado do Rio Grande do Sul contra a Lei Estadual

---

[49] MELLO, José Eduardo Soares de. *Os convênios ICMS antes e depois da Emenda 33/2001*: o ICMS e a EC 33. São Paulo: Dialética, 2002. p. 13.
[50] Informativo STF nº 159/1999.

10.327/99, do Estado de São Paulo, que reduz de 12% para 9,5% a alíquota interna do ICMS relativa a veículos automotores, prevista no item 12, § 1º do art. 34 da Lei nº 6.374/89, do mesmo Estado, o Tribunal, por maioria, deferiu o pedido de medida cautelar, por aparente ofensa ao art. 155, § 2º, VI, da CF (salvo deliberação em contrário dos Estados e do Distrito Federal, nos termos do disposto no inciso XII, g), as alíquotas internas, nas operações relativas à circulação de mercadorias e nas prestações de serviços, não poderão ser inferiores às previstas para operações interestaduais.

No segmento minerador isso é muito comum. A título de exemplo, traz-se para conhecimento a legislação editada no estado do Amazonas que institui a Política Estadual de Incentivos Fiscais e Extrafiscais.

A Lei nº 2.826, de 29 de setembro de 2003, regulamenta a política estadual de incentivos fiscais no estado do Amazonas e visa à "integração, expansão, modernização e consolidação dos setores industrial, agroindustrial, comercial, de serviços, florestal, agropecuários e afins com vistas ao desenvolvimento do Estado" (art. 1º, parágrafo único).

É fundamental, para a concessão do incentivo fiscal na Região Amazônica, que as empresas satisfaçam pelo menos quatro dos seguintes requisitos (art. 4º, § 1º, com nova redação pela Lei nº 3.843/2012):

I - concorram para o adensamento da cadeia produtiva, com o objetivo de integrar e consolidar o parque industrial, agroindustrial e de indústrias de base florestal do Estado;
II - contribuam para o incremento do volume de produção industrial, agroindustrial e florestal do Estado;
III - contribuam para o aumento da exportação para os mercados nacional e internacional;

> IV - promovam investimento em pesquisa e desenvolvimento de tecnologia de processo e/ou produto;
> V - contribuam para substituir importações nacionais e/ou estrangeiras;
> VI - promovam a interiorização de desenvolvimento econômico e social do Estado;
> VII - concorram para a utilização racional e sustentável de matéria-prima florestal e de princípios ativos da biodiversidade amazônica, bem como dos respectivos insumos resultantes de sua exploração;
> VIII - contribuam para o aumento das produções agropecuária e afins, pesqueira e florestal do Estado;
> IX - gerem empregos diretos e/ou indiretos no Estado;
> X - promovam atividades ligadas à indústria do turismo;
> XI - estimule[m] a atividade de reciclagem de material e ou resíduo sólido a ser utilizado como matéria-prima na atividade industrial.

Nesse rol, está o segmento minerador. Todavia a lei comentada exclui da possibilidade de concessão de incentivo à atividade de extração e beneficiamento primário de produtos de origem mineral (art. 8º, III).

Ressalta-se, porém, que empreendimentos mineradores de grande porte não apenas beneficiam o mineral de maneira primária. O beneficiamento é feito desde os primeiros britadores primários e secundários, passando pela lavagem, secagem e demais processos que importam em modificar, aperfeiçoar ou, de qualquer forma, alterar o funcionamento, a utilização, o acabamento ou a aparência do produto mineral.

O incentivo fiscal para esses empreendimentos e outros que se instalem na Amazônia corresponderá ao direito à utilização de crédito presumido (denominado crédito estímulo), que corresponderá a 92,5% e isenção nas operações internas, além do diferimento do ICMS nas operações de importação de máquinas e matérias-primas para a utilização no processo de produção mineral.

Outros incentivos fiscais nesses moldes são concedidos, além da atividade mineral, em outros segmentos, como forma de alavancar e fomentar o desenvolvimento econômico regional, por exemplo, na indústria automobilística, em que estados brasileiros vêm disputando ferrenhamente as montadoras de automóveis no sentido de que ali se instalem, prometendo diversos benefícios aos empreendedores.

Diferimento e suspensão do ICMS

Juntamente com os demais benefícios já analisados, estão o diferimento e a suspensão do ICMS aplicáveis a determinadas operações que ocorrem apenas em determinados processos de industrialização dos minerais em outros estabelecimentos, com o propósito de aperfeiçoá-los para consumo ou, por exemplo, nas importações, quando o imposto incidente nessa operação fica diferido para a próxima operação tributada.

Desse modo, tanto a remessa quanto o retorno do produto não estão sujeitos à incidência do ICMS, apenas incidindo o imposto na etapa subsequente do processo produtivo.

Quanto ao diferimento do imposto, como ensina Zelmo Denari,[51] "não se trata de caso de exoneração porque o tributo continua devido, somente não o é pelo contribuinte originário. Sendo assim, nas aquisições com diferimento do imposto, inexiste crédito a ser lançado pelo adquirente". O diferimento,

[51] DENARI, Zelmo. *Curso de direito tributário*. 3. ed. Belém: Cejup, 2002. p. 212-213.

quando ocorrer posteriormente a uma operação em que houve o creditamento do imposto originário, não poderá ser anulado mediante estorno. Esse é o entendimento de Sacha Calmon Navarro Coêlho e Misabel Abreu Machado Derzi:[52]

> [...] é evidente, portanto, que o diferimento não pode desencadear o estorno, a anulação dos créditos relativos às operações anteriores, pois, tendo havido apenas um adiantamento da cobrança, haveria ofensa ao princípio da não cumulatividade, quando, na etapa subsequente, houvesse o pagamento do imposto. As operações anteriores já tributadas – cujo valor está incluído no preço – serão novamente tributadas e, por esse motivo a própria Fazenda Pública, em diversas consultas, tem reconhecido o direito ao crédito relativamente às operações anteriores do diferimento.

O Supremo Tribunal Federal manifestou entendimento de que o diferimento não gera direito a crédito.[53] Se não há pagamento do ICMS na entrada, não há o que se falar em crédito. Se a saída for tributada, a presunção é de ter havido o fenômeno da repercussão, a transferência para o contribuinte de fato que adquiriu o produto com valor do imposto já embutido.[54]

Ante essas considerações, os incentivos fiscais são concedidos à revelia da lei, mas em benefício do desenvolvimento regional.

---

[52] COÊLHO, Sacha Calmon Navarro; DERZI, Misabel Abreu Machado. ICMS – Direito de creditamento – Princípio da não cumulatividade. *Revista Dialética de Direito Tributário*, São Paulo, n. 102, p. 149, 2004.

[53] BRASIL. Supremo Tribunal Federal. Agravo Rgimental no Recurso Extraordinário nº 182.679-9/SP. Relator: ministro Néri da Silveira. São Paulo. Julgamento em 9 de abril de 202. *DJ*, 21 jun. 2002.

[54] BRASIL. Superior Tribunal de Justiça. Recurso Especial nº 26.593/SP. Relator: ministro Garcia Vieira. Julgamento em 30 de setembro de 1992. *DJ*, 16 nov. 1992.

Incentivos fiscais concernentes ao imposto de renda (IR) e algumas considerações quanto à contribuição ao Programa de Integração Social (PIS) e à contribuição para o financiamento da seguridade social (Cofins)

Incentivos fiscais relacionados ao IR

Primeiramente, no que se refere ao imposto sobre renda e proventos de qualquer natureza, com previsão no art. 43 do CTN, havia a isenção do IR para empreendimentos que se instalassem nas áreas da Sudam e da antiga Sudene.[55]

Tal benefício foi revogado pela Lei nº 9.532/1997. Posteriormente, com a criação da Agência de Desenvolvimento da Amazônia (ADA) em substituição à Sudam e da Agência de Desenvolvimento do Nordeste (Adene) em substituição à Sudene, o benefício passou a ser de redução do imposto com percentuais decrescentes até 2013.[56]

Contudo, com a recriação da Sudam por intermédio da Lei Complementar nº 124, de 3 de janeiro de 2007, e da Sudene pela Lei Complementar nº 125, da mesma data, combinada com a Medida Provisória nº 2.199-14/2001, o benefício para as empresas instaladas nessas regiões foi reduzido para 75% do IRPJ e adicional, calculados com base no lucro da exploração, desde que tenham projeto protocolizado e aprovado até 31 de dezembro de 2018 para instalação, ampliação, modernização ou diversificação enquadrado nos setores da economia considerados

[55] As áreas da Sudam e da Sudene compreendem os seguintes estados: Sudam: Acre, Amapá, Amazonas, Mato Grosso, Pará, Rondônia, Roraima e Tocantins; Sudene: Maranhão, Piauí, Ceará, Rio Grande do Norte, Pernambuco, Alagoas, Sergipe, Bahia, Minas e Espírito Santo.

[56] O Decreto nº 4.523, de 17 de dezembro de 2002, aprovou o Regulamento do Fundo de Desenvolvimento do Nordeste, gerido pela Adene, e o Decreto nº 4.254, de 31 de maio de 2002, aprovou o Regulamento do Fundo de Desenvolvimento da Amazônia, gerido pela ADA.

em ato do Poder Executivo,[57] prioritários ao desenvolvimento regional.

Esclarece-se que o lucro da exploração é determinado pelo ajuste no lucro líquido do período de apuração antes de deduzida a provisão para o imposto de renda e pela exclusão de determinados valores previstos na legislação de regência.

As empresas localizadas nas regiões da Sudam e da Sudene que tenham projeto aprovado também têm direito à depreciação acelerada incentivada para efeito de cálculo do imposto sobre a renda, com fulcro no art. 31 da Lei nº 11.196/2005.

Esse benefício consiste na possibilidade de depreciação integral de bens do ativo imobilizado no próprio ano de aquisição ou até o quarto ano subsequente, excluindo-se esta cota do lucro líquido para fins de determinação do lucro real.

Considerações relativas ao PIS e à Cofins

A contribuição para o Programa da Integração Social (PIS) e a contribuição para o financiamento da seguridade social (Cofins) têm sua matriz constitucional no inciso I do art. 195, da CRFB/1988 (com redação dada pela Emenda Constitucional nº 20, de 15 de dezembro de 1998), com a regulamentação das leis nº 9.718/1998 (com as atualizações da Lei nº 11.941/2009), nº 10.637/2002, nº 10.833/2003 e nº 12.973/2014, todas devidamente atualizadas.

Em linhas gerais, vale ressaltar que a contribuição para o PIS compreende três modalidades:

- sobre o faturamento;
- sobre a a folha de pagamento;
- sobre a importação.

[57] Ver Decreto nº 6.539/2008.

A Cofins, por sua vez, abrange apenas duas:

- sobre o faturamento;
- sobre a importação.

Por outro lado, há dois regimes possíveis de apuração para essas contribuições: cumulativo e não cumulativo.

O regime cumulativo incide sobre o faturamento, sem direito a dedução de qualquer tipo de crédito, sendo aplicável às empresas que tributam a renda com base no lucro presumido ou que estão obrigadas ao regime monofásico, por força de lei. As alíquotas, nesse caso, são de 0,65% para o PIS e 3% para a Cofins.

No que tange ao regime não cumulativo, *a contrario sensu*, é aquele que permite ao contribuinte a dedução de determinados créditos expressamente previstos na legislação, a exemplo das mercadorias adquiridas para revenda, o aluguel pago e os insumos utilizados no processo industrial. A alíquota do PIS no sistema não cumulativo será de 1,65% e para a Cofins corresponderá a 7,6%.

A primeira grande celeuma que envolve o setor mineral relativamente à contribuição para o PIS e Cofins diz respeito aos créditos relativos aos insumos, especialmente porque o legislador não definiu claramente qual seria seu exato conceito.

Coube à IN SRF nº 404, de 12 de março de 2004, definir, em seu art. 8º, § 4º, I, que no conceito de insumo se incluem:

> a) a matéria-prima, o produto intermediário, o material de embalagem e quaisquer outros bens que sofram alterações, tais como o desgaste, o dano ou a perda de propriedades físicas ou químicas, em função da ação diretamente exercida sobre o produto em fabricação, desde que não estejam incluídas no ativo imobilizado;
> b) os serviços prestados por pessoa jurídica domiciliada no País, aplicados ou consumidos na produção ou fabricação do produto; [...]

Isso quer dizer que não são todos os custos incorridos na produção do bem que geram direito a crédito, o que ocasionou muitos questionamentos, por parte dos contribuintes, perante a atual Receita Federal do Brasil e o Judiciário.

De modo geral, o posicionamento tanto do Judiciário quanto do órgão administrativo é casuístico, dependendo da comprovação de pertinência do custo em relação ao processo produtivo.

Nesse diapasão, insta ressaltar trecho extraído do Acórdão nº 3102-002.167 proferido pelo Conselho Administrativo de Recursos Fiscais:[58]

> Processo de produção. Fases de lavra, britagem e moagem. Atividades integradas de produção de minério. Definição.
> As fases de lavra, britagem e moagem integram o processo de produção da empresa mineradora e produtora de concentrado de cobre, produto final destinado à venda.
> Crédito do regime não cumulativo. Insumo aplicado no processo de produção. Dedução do crédito calculado sobre o valor de aquisição. Cabimento.
> Os valores das aquisições dos insumos, aplicados em todas as fases do processo produtivo de produto final destinado à venda, integram a base de cálculo dos créditos da Contribuição para o PIS/Pasep não cumulativa, por expressa previsão legal.

Outro aspecto que merece destaque relativamente à contribuição para o PIS e Cofins é o fato de não haver benefício para empreendimentos mineradores instalados nessas regiões, sujeitando-se integralmente à sua incidência. Sobre o tema já

[58] BRASIL. Conselho Administrativo de Recursos Fiscais. Acórdão nº 3102-002.167. Relator: conselheiro José Fernandes do Nascimento. Primeira Câmara da Segunda Turma Ordinária. Julgamento em 27 de fevereiro de 2014. Carf, 5 nov. 2014.

se manifestou o STF[59] no Recurso Extraordinário nº 230.337/RN e Recurso Extraordinário nº 626.936/RJ.[60]

Compensação financeira pela exploração de recursos minerais (CFEM)

Natureza jurídica

A CFEM, como é chamada no cenário jurídico nacional, conceitua-se como sendo uma contribuição federal, desprovida de natureza tributária, com o propósito, em tese, de reparar a União federal, detentora dos direitos sobre o solo brasileiro, pelos danos que podem ser, e são, causados pela exploração dos minerais.

Entretanto, para alguns, seu caráter é de "estipulação em favor de terceiro, em razão da dilapidação de um bem finito" não tendo caráter de reparação de dano a ser causado ao patrimônio da União pela sua exploração.[61]

Trata-se de uma receita originária de natureza patrimonial do Estado, uma vez que é devida em contrapartida da exploração de recursos minerais, que são, nos termos constitucionais, considerados bens da União, na forma de compensação financeira (art. 20, § 1º, da CRFB/1988).[62]

---

[59] BRASIL. Supremo Tribunal Federal. Tribunal Pleno. Recurso Extraordinário nº 230.337/RN. Relator: ministro Carlos Velloso. Julgamento em 1º de julho de 1999. *DJ*, 28 jun. 2002.

[60] BRASIL. Supremo Tribunal Federal. Primeira Turma. Recurso Extraordinário nº 626.936/RJ. Relator: ministro Dias Toffoli. Julgamento em 19 de nov. 2013. *DJe*, 117 dez. 2013.

[61] SERRA, Rodrigo apud MENEZES, Vitor. A ficção dos royalties: regras de repasse foram construídas em bases tão vulneráveis quanto discutíveis. *Petróleo, Royalties & Região* (Boletim da Universidade Candido Mendes), ano VII, n. 26, dez. 2009.

[62] Lei nº 4.320, de 17 de março de 1964. Receita originária ou receita patrimonial. Conceito: "Receitas patrimoniais são aquelas geradas pela exploração do patrimônio do Estado (ou mesmo pela sua disposição), feitas segundo regras de direito privado,

Essa contribuição não comporta a natureza de tributo nos termos dos arts. 3º e 4º do CTN. Sua natureza é de cunho indenizatório e patrimonial, a teor do que se infere do posicionamento adotado pelo Pretório Excelso:[63]

> EMENTA: Bens da União: (recursos minerais e potenciais hídricos de energia elétrica): participação dos entes federados no produto ou compensação financeira por sua exploração (CF, art. 20, e § 1º): natureza jurídica: constitucionalidade da legislação de regência (L. 7.990/89, arts. 1º e 6º e L. 8.001/90). 1. O tratar-se de prestação pecuniária compulsória instituída por lei não faz necessariamente um tributo da participação nos resultados ou da compensação financeira prevista no art. 20, § 1º, CF, que configuram: receita patrimonial. 2. A obrigação instituída na L. 7.990/89, sob o título de "compensação financeira pela exploração de recursos minerais" (CFEM) não corresponde ao modelo constitucional respectivo, que não comportaria, como tal, a sua incidência sobre o faturamento da empresa; não obstante, é constitucional, por amoldar-se à alternativa de "participação no produto da exploração" dos aludidos recursos minerais, igualmente prevista no art. 20, § 1º, da Constituição.

consequentemente sem caráter tributário. Com efeito, os Poderes Públicos desfrutam de um patrimônio formado por terras, casas, empresas, direitos, que são passíveis de serem administrados à moda do que faria um particular, isto é, dando em locação, vendendo a produção de bens ou mesmo cedendo o imóvel ou o direito".

[63] BRASIL. Supremo Tribunal Federal. Recurso Extraordinário nº 228.800/DF. Relator: ministro Sepúlveda Pertence. Julgamento em 25 de setembro de 2001. *DJ*, 16 nov. 2001. No mesmo sentido, ver: BRASIL. Supremo Tribunal Federal. Primeira Turma. Recurso Extraordinário nº 381.830/DF. Relator: ministro Marco Aurélio. Julgamento em 23 agosto de 2011, *DJe*, 15 set. 2011; BRASIL. Supremo Tribunal Federal. Primeira Turma. AI nº 708.398-AgR/DF. Relatora: ministra Cármen Lúcia. Julgamento em 8 de fevereiro de 2011, *DJe*, 1º mar. 2011; BRASIL. Supremo Tribunal Federal. Segunda Turma. AI nº 453.025-AgR/DF. Relator: ministro Gilmar Mendes. Julgamento em 9 de maio de 2006, *DJ*, 9 jun. 2006.

A propósito, o escólio de Celso Bastos:[64]

> Receitas patrimoniais são aquelas geradas pela exploração do patrimônio do Estado (ou mesmo pela sua disposição), feitas segundo regras de direito privado, consequentemente sem caráter tributário. Com efeito, os Poderes Públicos desfrutam de um patrimônio formado por terras, casas, empresas, direitos, que são passíveis de serem administrados à moda do que faria um particular, isto é, dando em locação, vendendo a produção de bens ou mesmo cedendo o imóvel ou o direito.

No mesmo diapasão e ainda ressaltando o caráter de preço público desses recursos pela exploração dos bens dominiais do Estado, está o ensinamento do professor Ricardo Lobo Torres, que assim preleciona:[65]

> Os ingressos patrimoniais são obtidos através da exploração dos bens dominiais do Estado, como sejam as florestas, as ilhas, as estradas, os imóveis residenciais ou comerciais etc. As suas principais formas são os preços públicos e as compensações financeiras. [...]
>
> Ou podem receber compensações financeiras, que têm a natureza de indenização pela perda de recursos naturais situados em seus territórios ou de contraprestação pelas despesas que as empresas exploradoras de recursos naturais causam aos poderes públicos, que se veem na contingência de garantir a infraestrutura e bens e serviços e a assistência às populações

[64] BASTOS, C. R. *Curso de direito financeiro e de direito tributário*. 5. ed. São Paulo: Saraiva, 1997. p. 38.

[65] TORRES, R. L. *Direito financeiro e tributário*. 2. ed. Rio de Janeiro: Renovar, 1995. p. 150, 152, 153. No mesmo sentido, ver: FEIGGELSON, Bruno. *Curso de direito minerário*. São Paulo: Saraiva, 2012. p. 308.

> envolvidas em atividades econômicas de grande porte, como ocorre com o estado do Rio de Janeiro, que é o maior produtor de petróleo do Brasil, e com os seus municípios da região de Campos, obrigados a investir recursos substanciais em políticas públicas de apoio à exploração de plataforma.

Com efeito, os ingressos patrimoniais são obtidos por meio da exploração dos bens dominiais do Estado, tais como as florestas, as ilhas, as estradas, os imóveis residenciais ou comerciais etc. Suas principais formas são o preço público e as compensações financeiras.

Contudo, de acordo com a disposição constitucional, não é somente sobre os minerais que há incidência dessa contribuição de caráter patrimonial. Pela legislação de regência, o aproveitamento de recursos hídricos para fins de geração de energia elétrica e petróleo também sofrem a incidência dessa contribuição federal, nos termos do art. 1º da Lei nº 7.990/1989.[66]

Deste entendimento, decorre a desnecessidade de regulamentação por lei complementar. Este foi o recente entendimento adotado pelo Tribunal Regional da Primeira Região:[67]

> COMPENSAÇÃO FINANCEIRA PELA EXPLORAÇÃO MINERAL (CFEM). ALEGAÇÃO DE INCONSTITUCIONALIDADE. LEIS 7.990/89 E 8.001/90. INOCORRÊNCIA. MATÉRIA JÁ DE-

[66] Lei nº 7.990/1989: "Art. 1º. O aproveitamento de recursos hídricos, para fins de geração de energia elétrica e dos recursos minerais, por quaisquer dos regimes previstos em lei, ensejará compensação financeira aos Estados, Distrito Federal e Municípios, a ser calculada, distribuída e aplicada na forma estabelecida nesta Lei".

[67] BRASIL. Tribunal Regional Federal. Primeira Região. Sétima Turma Suplementar. AC nº 137265919994013800/MG 0013726-59.1999.4.01.3800. Relator: juiz federal Carlos Eduardo Castro Martins. Julgamento em 10 de setembro de 2013. *e-DJF* 1, p. 417, 24 set. 2013.

> CIDIDA PELO STF. 1. "AGRAVO REGIMENTAL NO AGRAVO DE INSTRUMENTO. ADMINISTRATIVO. COMPENSAÇÃO FINANCEIRA PARA A EXPLORAÇÃO DE RECURSOS MINERAIS – CFEM. CONSTITUCIONALIDADE DAS LEIS N. 7.790/89 E 8.001/90. PRECEDENTES. AGRAVO REGIMENTAL AO QUAL SE NEGA PROVIMENTO" (STF, AI 708398 AgR/DF, Rel. Min. Cármen Lúcia, 1ª Turma, Publicado em 01-03-2011). 2. A Compensação Financeira pela Exploração Mineral, prevista no próprio texto constitucional (art. 20, § 1º) não possui natureza jurídica de tributo, não sendo necessária, para sua regulamentação, a veiculação da norma através de Lei Complementar. 3. Precedentes do STF e desta Corte. 4. Apelação a que se nega provimento.

Fato gerador

O fato gerador dessa contribuição corresponderá à saída, por venda, do produto mineral, e está assim definido no art. 15 do Decreto nº 1/1991:

> Art. 15. Constitui fato gerador da compensação financeira devida pela exploração de recursos minerais a saída por venda do produto mineral das áreas da jazida, mina, salina ou de outros depósitos minerais de onde provêm, ou o de quaisquer estabelecimentos, sempre após a última etapa do processo de beneficiamento adotado e antes de sua transformação industrial.

Base de cálculo

A base de incidência da CFEM, definida no art. 13 do mesmo Decreto nº 1/1991, é representada pelo faturamento líquido resultante da venda do produto mineral obtido após a última etapa do processo de beneficiamento adotado e antes de sua transformação industrial (art. 6º, Lei nº 7.990/1989), deduzidas as despesas ali consignadas, como se verifica:[68]

> Art. 14. Para efeito do disposto no artigo anterior, considera-se:
> [...]
> II - faturamento líquido, o total das receitas de vendas excluídos os tributos incidentes sobre a comercialização do produto mineral, as despesas de transporte e as de seguro; [...]

Como bem define a Fioito Consultoria:[69]

> Entende-se por faturamento líquido o valor da venda do produto mineral, deduzindo-se os tributos (ICMS, PIS, COFINS), que incidem na comercialização, como também as despesas com transporte e seguro.
>
> Quando não ocorre a venda, em razão do consumo do produto mineral, transformação ou utilização pelo próprio minerador, então se considera como valor tributável para efeito do cálculo da CFEM, a soma das despesas diretas e indiretas ocorridas até o momento da utilização do produto mineral.

Muito já se discutiu sobre a constitucionalidade da base de cálculo da CFEM, uma vez que não há referibilidade entre a compensação financeira pela exploração da área e o cálculo sobre o faturamento da empresa.

Entretanto, o STF reputou que a exação é constitucional por "amoldar-se à alternativa de participação no produto da

[68] Aspectos gerais da CFEM. Disponível no *site* do Departamento Nacional de Produção Mineral (DNPM): <www.dnpm.gov.br>. Acesso em: 18 out. 2016.
[69] Disponível em: <www.fioito.com.br/?page_id=71>. Acesso em: 13 jan. 2017.

exploração dos aludidos recursos minerais, igualmente prevista no art. 20, § 1º, da Constituição".[70; 71]

Outra questão relevante, já suscitada aos tribunais pelo Sindicato das Empresas Mineradoras, diz respeito à dedutibilidade das despesas de transporte.

Os mineradores consideram, para fins desse abatimento, o valor total das despesas com o frete, tanto aquele verificado na dependência da mina quanto as despesas totais de frete até o local determinado pelo comprador.

Os municípios têm contestado essa dedução entendendo de forma restrita a aplicação da lei e adotando o entendimento restritivo previsto na Instrução Normativa (IN) DNPM nº 6/2000:

> Art. 1º. Para os efeitos previstos no inciso II e no § 2º, do art. 14, do Decreto nº 1/91, somente são consideradas parcelas dedutíveis para obtenção do faturamento líquido sobre as operações de venda do produto mineral, mesmo que este esteja submetido a qualquer forma de acondicionamento ou embalagem:

---

[70] "EMENTA: Bens da União: (recursos minerais e potenciais hídricos de energia elétrica): participação dos entes federados no produto ou compensação financeira por sua exploração (CF, art. 20, e § 1º): natureza jurídica: constitucionalidade da legislação de regência (L. 7.990/89, arts. 1º e 6º e L. 8.001/90). 1. O tratar-se de prestação pecuniária compulsória instituída por lei não faz necessariamente um tributo da participação nos resultados ou da compensação financeira previstas no art. 20, § 1º, CF, que configuram receita patrimonial. 2. A obrigação instituída na L. 7.990/89, sob o título de 'compensação financeira pela exploração de recursos minerais' (CFEM) não corresponde ao modelo constitucional respectivo, que não comportaria, como tal, a sua incidência sobre o faturamento da empresa; não obstante, é constitucional, por amoldar-se à alternativa de 'participação no produto da exploração' dos aludidos recursos minerais, igualmente prevista no art. 20, § 1º, da Constituição" (BRASIL. Supremo Tribunal Federal. RE nº 228.800/DF. Relator: ministro Sepúlveda Pertence. Julgamento em 26 de novembro de 2002. *DJ*, 13 dez. 2002).

[71] "EMENTA: AGRAVO REGIMENTAL NO RECURSO EXTRAORDINÁRIO COM AGRAVO. CONSTITUCIONAL. COMPENSAÇÃO FINANCEIRA PELA EXPLORAÇÃO DE RECURSOS MINERAIS – CFEM. BASE DE CÁLCULO. ACÓRDÃO EM HARMONIA COM JULGADOS DO SUPREMO TRIBUNAL FEDERAL. AGRAVO REGIMENTAL AO QUAL SE NEGA PROVIMENTO. BRASIL" (Supremo Tribunal Federal. AgRE nº 725.366/RS. Relatora: ministra Cármen Lúcia. Julgamento em 28 de maio de 2013. *DJe*, 17 jun. 2013).

I - IOF – Imposto sobre operações financeiras;

Aquele incidente nas operações de venda de ouro como ativo financeiro, efetivamente apurado, conforme constar de escrituração fiscal federal referente ao mês de ocorrência do fato gerador da CFEM;

II - ICMS – Imposto sobre operações relativas à circulação de mercadorias e sobre a prestação de serviços de transporte interestadual e intermunicipal e de comunicação;

Aquele efetivamente apurado, conforme constar de escrituração fiscal referente ao mês de ocorrência do fato gerador da CFEM;

No caso de ICMS Substituição, aquele apurado na venda de água mineral, conforme constar de escrituração fiscal referente ao mês de ocorrência do fato gerador da CFEM. Este ICMS substituição deverá ser considerado no valor total da nota fiscal;

III - PIS – Programa de integração social e COFINS – Contribuição para o financiamento da seguridade social;

Aquele efetivamente apurado, conforme constar de escrituração fiscal federal, referente ao mês de ocorrência do fato gerador da CFEM, correspondente, unicamente, às receitas oriundas da venda do produto mineral;

IV - TRANSPORTE

Aquele incidente e destacado no preço de venda do produto mineral, posto no local determinado pelo comprador;

V - SEGURO

Aquele incidente e destacado no preço de venda, relativo ao transporte do produto mineral, posto no local determinado pelo comprador;

Parágrafo único. No caso de vendas CIF em que não tenham sido destacadas nas notas fiscais de venda, as correspondentes despesas com transporte e seguro, as deduções somente serão permitidas para obtenção do faturamento líquido, quando estas forem devidamente aprovadas pelo DNPM.

O Superior Tribunal de Justiça já se pronunciou sobre o assunto, decidindo pela legalidade da IN nº 6/2000, conforme ementa transcrita a seguir:[72; 73]

> ADMINISTRATIVO. COMPENSAÇÃO FINANCEIRA PARA A EXPLORAÇÃO DE RECURSOS MINERAIS – CFEM. CRITÉRIOS DE CÁLCULO. LEI 7.7990/89, LEI 8.001/90 E DECRETO 01/91. INSTRUÇÕES NORMATIVAS 6, 7 E 8/2000 DO DIRETOR-GERAL DO DNPM.

Por sua vez, o Supremo Tribunal Federal também se pronunciou sobre o tema negando seguimento ao Agravo de Instrumento interposto pelo Sinferbase, entendendo o DNPM estarem ratificados os termos dispostos na IN DNPM nº 6/2000 que considera dedutível da base de cálculo da CFEM transporte e frete incidentes sobre a venda do produto mineral (substância mineral lavrada), e não sobre o recurso mineral (substância mineral ainda não lavrada ou em processo de lavra, ainda não comercializável), desde que destacado no preço de venda do produto mineral.[74]

Já sobre a dedução do "custo do beneficiamento" a jurisprudência tem se manifestado no seguinte sentido:[75]

---

[72] BRASIL. Superior Tribunal de Justiça. Primeira Turma. Recurso Especial nº 756.530/DF. Relator: ministro Teori Albino Zavascki. Distrito Federal. Julgamento em 12 de junho de 2007. *DJ*, 21 jun. 2007.

[73] BRASIL. Superior Tribunal de Justiça. Segunda Turma. AgRg no Resp nº 144.8307/CE. Relator: ministro Mauro Campbell Marques. Julgamento em 23 de setembro de 2014. *DJe*, 30 set. 2014.

[74] BRASIL. Supremo Tribunal Federal. Primeira Turma. Agravo de Instrumento nº 708.398-7/DF. Relatora: ministra Cármen Lúcia. Julgamento em 8 de fevereiro de 2011. *DJe*, 1º mar. 2011.

[75] BRASIL. Tribunal Regional Federal. Primeira Região. Sétima Turma. AMS nº 17979 DF 2003.34.00.017979-2. Relator: desembargador federal Luciano Tolentino Amaral. Julgamento em 5 de março de 2013. e-*DJF* 1, p. 469, 15 mar. 2013.

ADMINISTRATIVO – CONSTITUCIONAL – PROCESSUAL CIVIL – MANDADO DE SEGURANÇA – CFEM (CONTRIBUIÇÃO FINANCEIRA PELA EXPLORAÇÃO DE RECURSOS MINERAIS) – BASE DE CÁLCULO: FATURAMENTO LÍQUIDO = RECEITAS DE VENDAS, DEDUZIDOS TRIBUTOS INCIDENTES NA COMERCIALIZAÇÃO E DESPESAS DE TRANSPORTE E SEGUROS (SEM DEDUÇÃO DE "CUSTOS DE BENEFICIAMENTO") – ATO ADMINISTRATIVO (IN DNPM Nº 001/2003) ANULADO POR ILEGAL (LEI Nº 8.001/1990) PELA IN DNPM Nº 002/2003: APLICAÇÃO DA 1ª PARTE DA SÚMULA 473/STF – LEGITIMIDADE. 1- A CF/88 diz (art. 20, IX e § 1º) serem bens da União os recursos minerais, inclusive os do subsolo, prevendo compensação financeira – em favor do ente político – pela exploração, calculada (art. 6º da Lei nº 7.990/89) à razão de 3% do faturamento líquido, base de cálculo definida como (Lei nº 8.001/90) o "total das receitas de vendas, excluídos os tributos incidentes sobre a comercialização do produto mineral, as despesas de transporte e as de seguros", não havendo falar em dedução dos "custos de beneficiamento". 2- Precedente do STJ: REsp nº 756.530/DF. 3- A IN DNPM nº 001/2003 não foi, a bem da verdade, revogada (por conveniência) pela IN DNPM nº 002/2003, mas, sim, em proceder de autotutela (que dispensa contraditório e ampla defesa), "anulada por ilegal (e contrária ao STJ)", pois ela deferia administrativamente direito não assegurado por lei: era, pois, ato "contra legem" (Lei nº 8.001/1990), que, agora posta a questão sob a apreciação do Poder Judiciário, mais ilegítimo se evidencia; a jurisdição supera as questiúnculas sobre hierarquia/competência entre o DNPM e a Secretaria do MME: o que importa é que há lei expressa e claríssima regendo o tema e que ato administrativo menor não pode contrariar. 4- A hipótese é, de pura aplicação da 1ª parte da SÚMULA STF nº 473, que dispensa ampla defesa que a Lei nº 9.784/99 e a CF/88 a outros casos reserva: "A administração pode anular seus próprios atos, quando eivados de vícios que os tornam ilegais, porque deles não se originam direitos [...]". 5- Apelação não provida. 6- Peças liberadas pelo Relator, em Brasília, 5 de março de 2013, para publicação do acórdão.

Contribuintes

A compensação financeira é devida por quem exerce atividade de mineração em decorrência da exploração ou extração de recursos minerais.

A exploração de recursos minerais consiste na retirada de substâncias minerais da jazida, mina, salina ou outro depósito mineral para fins de aproveitamento econômico.[76]

É oportuno mencionar que o DNPM é o órgão federal responsável pelo controle e fiscalização do exercício das atividades de mineração. Compete ao DNPM, em especial, baixar normas e exercer fiscalização sobre a arrecadação da compensação financeira pela exploração de recursos minerais.

Alíquotas

Já as alíquotas que serão variáveis em razão da natureza do mineral e sua base de cálculo, que, em regra, vincula-se ao seu faturamento líquido, estão previstas nos incisos I a IV do art. 2º da Lei nº 8.001/1990, regulamentados pelo art. 13, do Decreto nº 1/1991, nos seguintes termos:

> Art. 13. A compensação financeira devida pelos detentores de direitos minerários a qualquer título, em decorrência da exploração de recursos minerais para fins de aproveitamento

[76] Disponível em: <www.dnpm.gov.br>. Acesso em: 15 abr. 2011.

econômico, será de até 3% (três por cento) sobre o valor do faturamento líquido resultante da venda do produto mineral, obtido após a última etapa do processo de beneficiamento adotado e antes de sua transformação industrial.[77]

§ 1º. O percentual da compensação, de acordo com as classes de substâncias minerais, será de:

I - minério de alumínio, manganês, sal-gema e potássio: 3% (três por cento);

II - ferro, fertilizante, carvão e demais substâncias minerais: 2% (dois por cento), ressalvado o disposto no inciso IV deste artigo;

III - pedras preciosas, pedras coradas lapidáveis, carbonados e metais nobres: 0,2% (dois décimos por cento);

IV - ouro: 1% (um por cento), quando extraído por empresas mineradoras, isentos os garimpeiros.

Distribuição da arrecadação da CFEM

A exemplo dos tributos que são alvo de repartição do produto da arrecadação, a CFEM também é distribuída pelos entes políticos, da seguinte forma, em conformidade com o disposto no art. 2º, § 2º, da Lei nº 8.001/1990, com alterações da Lei nº 9.993/2000:[78]

§ 2º. A distribuição da compensação financeira referida no caput deste artigo será feita da seguinte forma:

I - 23% (vinte e três por cento) para os Estados [produtores] e o Distrito Federal;

[77] Decreto nº 7.212, de 15 de junho de 2010. Regulamento do IPI. Beneficiamento. Definição: considera-se operação de industrialização "a que importe em modificar, aperfeiçoar ou, de qualquer forma, alterar o funcionamento, a utilização, o acabamento ou a aparência do produto (beneficiamento)" (a definição desse conceito está inserta no art. 4º, II, do decreto em tela).

[78] Aspectos gerais da CFEM no *site* do Departamento Nacional de Produção Mineral (DNPM).

II - 65% (sessenta e cinco por cento) para os Municípios [produtores];

II-A - 2% (dois por cento) para o Fundo Nacional de Desenvolvimento Científico e Tecnológico – FNDCT, instituído pelo Decreto-Lei nº 719, de 31 de julho de 1969, e restabelecido pela Lei nº 8.172, de 18 de janeiro de 1991, destinado ao desenvolvimento científico e tecnológico do setor mineral;

III - 10% para o Ministério de Minas e Energia, a serem integralmente repassados ao Departamento Nacional de Produção Mineral – DNPM, que destinará 2% desta cota-parte à proteção mineral em regiões mineradoras, por intermédio do Instituto Brasileiro de Meio Ambiente e dos Recursos Naturais Renováveis – IBAMA.

Esclarece-se que, conforme o DNPM, "município produtor é aquele onde ocorre a extração da substância mineral. Caso a extração abranja mais de um município, deverá ser preenchida uma Guia/CFEM para cada município, observada a proporcionalidade da produção efetivamente ocorrida em cada um deles".[79]

Prescrição

Como de sabença, o art. 47 da Lei nº 9.636/1998 instituiu a prescrição quinquenal para a cobrança de receitas patrimoniais. A Lei nº 9.821/1999 estabeleceu em cinco anos o prazo decadencial para a constituição do lançamento, mantendo-se o prazo prescricional quinquenal para sua exigência.

Com o advento da Lei nº 10.852/2004, houve nova alteração do art. 47 da Lei nº 9.636/1998 para estender o prazo decadencial de cinco para 10 anos, mantido o lapso prescricional de cinco anos, a ser contado no lançamento.

[79] Disponível em: <www.dnpm-pe.gov.br/Legisla/Cfem.php>. Acesso em: 14 jan. 2017.

A Segunda Turma do Superior Tribunal de Justiça, no julgamento do Recurso Especial nº 1.179.282/RS, enfrentou parte da controvérsia a respeito da decadência e prescrição da CFEM. À unanimidade, seguindo o voto do relator, os ministros afirmaram que a matéria se submete ao *caput* do art. 47 da Lei nº 9.636/1998 e suas alterações, ou seja, aumentou-se o prazo decadencial para 10 anos, permanecendo o prazo prescricional de cinco anos para os créditos anteriores à Lei nº 9.821/1999, conforme já previa o Decreto nº 20.910/1932.[80]

Recentemente, o STJ reafirmou esse posicionamento em diversos julgados, a exemplo do AgRg no AREsp nº 613.171/RS[81] e AgRg no Resp nº 1.465.210/PR.[82]

Da cobrança da taxa de fiscalização de recursos minerários instituída pelo estado de Minas Gerais

Utilizando-se de sua competência concorrente, o estado de Minas Gerais optou por instituir a taxa de fiscalização de recursos minerários (TFRM) por meio da Lei nº 19.976/2011 (com atualizações posteriores), regulamentada pelo Decreto nº 46.072/2012, com base supostamente no seu poder de polícia, cujo conceito encontra-se descrito no art. 78 do CTN.

O art. 3º da Lei nº 19.976/2011 descreve as atividades que seriam desenvolvidas com os recursos da taxa, as quais teoricamente se relacionam com o poder de polícia:

[80] BRASIL. Superior Tribunal de Justiça. Segunda Turma. Recurso Especial nº 1.179.282/RS. Relator: ministro Mauro Campbell Marques. Julgamento em 26 de agosto de 2010. *Dje*, 30 set. 2010.
[81] BRASIL. Superior Tribunal de Justiça. Segunda Turma. AgRg no AREsp nº 613.171/RS. Relator: ministro Mauro Campbell Marques. Julgamento em 3 de fevereiro de 2015 *DJe*, 6 fev. 2015.
[82] BRASIL. Superior Tribunal de Justiça. Segunda Turma. AgRg no REsp nº 1.465.210/PR. Relator: ministro Mauro Humberto Martins. Julgamento em 16 de dezembro de 2014. *DJe*, 19 dez. 2014.

> Art. 3º. O poder de polícia de que trata o art. 1º será exercido pelos seguintes órgãos e entidades:
> I - Secretaria de Estado de Desenvolvimento Econômico, Ciência, Tecnologia e Ensino Superior – Sedectes, para:
> a) controle e avaliação das ações setoriais relativas à utilização de recursos minerários, à gestão e ao desenvolvimento de sistemas de produção, transformação, expansão, distribuição e comércio de bens minerais;
> b) registro, controle e fiscalização de autorizações, licenciamentos, permissões e concessões para pesquisa, lavra, exploração e aproveitamento de recursos minerários;
> c) controle, monitoramento e fiscalização das atividades de pesquisa, lavra, exploração e aproveitamento de recursos minerários;
> d) defesa dos recursos naturais; [...]

Ocorre que a cobrança dessa taxa tem sofrido questionamento por parte de contribuintes, tendo sido, inclusive, objeto da Adin nº 4.785/MG sobre a qual se aguarda pronunciamento do Pretório Excelso.

Os principais fundamentos para sustentar sua inconstitucionalidade são os seguintes:

- a lei mineira seria formalmente inconstitucional por dispor sobre matéria cuja competência legislativa pertence à União (Constituição da República, art. 20, IX e § 1º, combinado com o art. 22, XII);
- a lei seria materialmente inconstitucional por instituir taxa que possui base de cálculo própria de impostos e também pelo fato de as atividades descritas não constituírem efetivo poder de polícia, mas sim em questões administrativas e operacionais do órgão;
- além disso, a hipótese descrita na norma não atende ao próprio conceito de taxa, o qual consiste em tributo vinculado

cuja hipótese de incidência se traduz na atividade estatal direta e imediatamente referida ao contribuinte.[83]

Não obstante, outros estados também já instituíram a cobrança dessa taxa em situações normativas semelhantes, a exemplo dos estados do Amapá e do Pará, mediante, respectivamente, as leis nº 7.591/2011 e nº 1.613/2011.

Questões de automonitoramento

1) Após ler este capítulo, você é capaz de resumir os aspectos principais de cada item aqui tratado?
2) Resuma, pontualmente, a tributação vigente aplicável aos minerais.
3) Alinhe os principais aspectos relativos à tributação sobre minerais.
4) Opine no sentido de como melhorar o incentivo fiscal no setor mineral.
5) Pense e descreva, mentalmente, alternativas para diminuição da carga tributária sobre minerais.

[83] Ver petição inicial da Ação Direta de Inconstitucionalidade nº 4.785. Disponível em: <http://redir.stf.jus.br/estfvisualizadorpub/jsp/consultarprocessoeletronico/ConsultarProcessoEletronico.jsf?seqobjetoincidente=4252832>. Acesso em: 22 jun. 2017.

3 Setor imobiliário

Roteiro de estudo

Carga tributária incidente sobre a implantação de determinado empreendimento

A implantação de projetos que demandam a construção de plantas de qualquer natureza se dá por meio de processo que, para os fins do que se objetiva com este estudo, pode ser resumido em duas distintas etapas, quais sejam: (1) a aquisição de equipamentos que serão utilizados na operação do projeto e (2) a construção propriamente dita das instalações, construção essa objeto de contratos de empreitada global e parcial de construção civil, os chamados "contratos EPC" (*engineering, procurement and construction*).

Este capítulo objetiva analisar a carga tributária incidente sobre cada uma de tais etapas, levando em consideração alíquotas e condições genéricas de negociação, assim como o possível impacto dos existentes benefícios fiscais aplicáveis a projetos de infraestrutura sobre tal carga de tributos.

A análise que se segue, nessas condições, se divide em dois distintos capítulos, quais sejam: (1) tributação incidente sobre a implantação de projeto de infraestrutura e (2) benefícios fiscais aplicáveis aos projetos de infraestrutura.

Tributação incidente sobre a implantação de projeto de infraestrutura

Aquisição de equipamentos a serem utilizados na consecução das atividades da planta a ser construída

A aquisição de equipamentos sofrerá distintas cargas tributárias a depender de se estar (1) importando mercadorias e serviços do exterior ou (2) adquirindo mercadorias e serviços no mercado interno.

IMPORTAÇÃO DE EQUIPAMENTOS A SEREM UTILIZADOS NA CONSECUÇÃO DAS ATIVIDADES DA PLANTA A SER CONSTRUÍDA

A importação de mercadorias do exterior suportará, via de regra, a carga tributária a seguir descrita.

Imposto de importação (II)

As alíquotas do II são definidas conforme a classificação fiscal do produto a ser importado (Nomenclatura Comum do Mercosul – NCM) e incidem sobre o valor CIF (*cost insurance and freight*) da mercadoria. O imposto é devido no momento do registro da declaração de importação no Siscomex.

As alíquotas gerais do imposto variam de 0% a 35%.

É importante observar que o regime de "ex-tarifário" permite a redução do II na aquisição de bens de capital quando não houver a produção nacional do mesmo. A concessão do regime é dada por meio de resolução de órgão do próprio Ministério da Indústria e Comércio (Camex e Caex), mediante laudo emitido por entidade idônea que comprove a inexistência de produção nacional do mesmo bem.

A aprovação da tarifa externa comum (TEC) incluiu outro mecanismo de ajuste das tarifas nacionais, que é realizado por intermédio da "lista de exceções à TEC".

A lista contém um determinado número de códigos tarifários para cada Estado-membro do Mercosul, os quais podem ser alterados, a cada seis meses, em até 20% dos códigos.

Dessa forma, o Brasil pôde aplicar alíquotas de importação distintas da TEC para 100 códigos tarifários até 31 de dezembro de 2015.

As tarifas objeto da lista de exceções à TEC estão assinaladas com o sinal "#" na TEC, enquanto as tarifas constantes da lista de exceções à TEC para bens de informática e telecomunicações estão assinaladas com o sinal "§" na TEC.

Imposto sobre produtos industrializados (IPI)

Tal como ocorre com o II, as alíquotas do IPI também são definidas conforme a classificação fiscal do produto a ser importado (NCM) e incidem sobre o valor CIF da mercadoria, acrescido do imposto de importação (CIF + II). O imposto é devido no momento do registro da declaração de importação no Siscomex.

As alíquotas gerais do imposto variam de 0% a 60%.

Imposto sobre Circulação de Mercadoria e Serviços (ICMS)

O art. 2º, § 1º, I, da Lei Complementar nº 87/1996 estabelece que "o imposto incide também sobre a entrada de mercadoria ou bem importados do exterior, por pessoa física ou jurídica, ainda que não seja contribuinte habitual do imposto, qualquer que seja a sua finalidade". O art. 11, I, "d", do mesmo diploma, por sua vez, prescreve que "o local da operação ou da prestação, para os efeitos da cobrança do imposto e definição do estabelecimento responsável, é, tratando-se de mercadoria ou bem importado do exterior, o do estabelecimento onde ocorrer a entrada física".

Assim, em operações normais de importação, o ICMS será devido em favor do estado da localização do estabelecimento importador, segundo a alíquota estabelecida por esse próprio estado para suas operações internas. Tal alíquota incidirá sobre a soma do valor CIF da mercadoria acrescido do próprio ICMS, do imposto de importação, do IPI, dos demais tributos e taxas aduaneiras (CIF + ICMS + II + IPI + demais tributos + taxas aduaneiras). O imposto será devido no momento do registro da declaração de importação no Siscomex.

Em virtude de os bens importados serem destinados ao ativo fixo, em conformidade com o art. 20, § 5º, I, da Lei Complementar nº 87/1996, os créditos escriturais resultantes poderão ser aproveitados na proporção de 1/48 ao mês.

Igualmente, é importante frisar que haverá a incidência do ICMS sobre o transporte propriamente dito da mercadoria até o sítio da obra de construção civil.

Contribuições sociais PIS e Cofins-importação

As alíquotas aplicáveis ao PIS-importação e à Cofins-importação são de 1,65% e 7,6%, respectivamente. A base de cálculo para ambas as contribuições é o valor aduaneiro das mercadorias importadas, acrescido do valor do ICMS incidente sobre a importação e do valor das próprias contribuições, isso porque são incluídas no preço final das mercadorias (o chamado cálculo "por dentro"). As contribuições devidas podem ser estimadas com base nas seguintes fórmulas:

PIS = Alíquota PIS × (VA + ICMS + PIS + Cofins)
Cofins = Alíquota Cofins × (VA + ICMS + PIS + Cofins)

VA = valor aduaneiro.

Tomando como base uma alíquota de 18% para o ICMS, de 5% para o IPI e de 0% para o II, um determinado equipamento sujeitar-se-ia ao PIS e à Cofins sob as alíquotas efetivas de 2,24% e 10,30%, respectivamente.

Levando em consideração uma alíquota de 18% para o ICMS, de 0% para o IPI e de 14% para o II, o equipamento importado estaria sujeito ao PIS sob uma alíquota efetiva de 2,27% e Cofins sob uma alíquota efetiva de 10,47%.

Imposto sobre operações financeiras (IOF) e demais despesas aduaneiras

Está isento do pagamento de IOF o fechamento de câmbio atrelado à importação de equipamentos, por força do art. 16, I, do Decreto nº 6.306/2007.

Serão devidas despesas aduaneiras de importação, além do adicional de frete da Marinha Mercante (AFRMM), mediante a aplicação da alíquota de 25% sobre o valor do frete, nos termos do art. 6º, I, da Lei nº 10.893/2004.

O quadro 4 sumariza a respectiva carga tributária incidente na importação de equipamentos do exterior.

Quadro 4

Carga tributária incidente na importação de equipamentos do exterior

Tributo	Alíquota	Base de cálculo
II	0% a 35%	CIF
IPI	0% a 60%	CIF + II
ICMS	16% (Estado do RJ)	CIF + ICMS + II + IPI + taxas aduaneiras
PIS	1,65%	VA + ICMS + PIS + Cofins
Cofins	7,6%	VA + ICMS + PIS + Cofins
AFRMM	25%	Valor do frete marítimo

Aquisição no mercado interno de equipamentos a serem utilizados na consecução das atividades da planta a ser construída

A aquisição de mercadorias no mercado interno suportará, em geral, a carga tributária descrita.

Imposto sobre produtos industrializados (IPI)

Tal como já mencionado, as alíquotas do IPI são definidas conforme a classificação fiscal do produto e incidem sobre o valor da mercadoria.

As alíquotas gerais do imposto variam de 0% a 60%.

Imposto sobre circulação de mercadoria e serviços (ICMS)

O art. 12 da Lei Complementar nº 87/1996 estabelece: "Considera-se ocorrido o fato gerador[84] do imposto no momento:

[84] No estado do Rio de Janeiro há a cobrança da alíquota adicional de 1% sob o título "Fundo de Combate à Pobreza".

I - da saída de mercadoria de estabelecimento de contribuinte, ainda que para outro estabelecimento do mesmo titular".

Assim, em operações de aquisição de mercadorias, o ICMS será devido de acordo com as alíquotas gerais de 12% em operações interestaduais e 18% (dezoito por cento) em operações internas, aplicadas sobre o valor da própria mercadoria.

Igualmente, é importante frisar que haverá a incidência do ICMS sobre o transporte propriamente dito da mercadoria até o sítio da obra de construção civil.

Contribuições sociais PIS e Cofins

Com base nas alterações introduzidas no art. 195 da Constituição Federal pela Emenda Constitucional nº 20/1998, os arts. 2º e 3º, § 1º, da Lei nº 9.718/1998 estabeleceram que a apuração e o recolhimento das contribuições PIS e Cofins dar-se-iam mediante a aplicação das alíquotas de 0,65% e 3% sobre a receita bruta auferida pelas empresas.

Mais recentemente, as leis nº 10.637/2002 e nº 10.833/2003 instituíram o chamado regime "não cumulativo" de incidência de tais exações. Tal regime determina o recolhimento dessas contribuições com base na aplicação das alíquotas de 1,65% e 7,6% sobre a receita bruta auferida pelas empresas, além da possibilidade da compensação de créditos escriturais. Tal metodologia é obrigatoriamente aplicável às empresas que apuram o IRPJ com base no regime do lucro real, explicitado.

As leis nº 10.637/2002 e nº 10.833/2003, por seus arts. 3º, § 1º, III, estabelecem que "a pessoa jurídica poderá descontar créditos calculados em relação a [...] encargos de depreciação e amortização dos bens mencionados nos incisos VI e VII do *caput*, incorridos no mês", i.e., "máquinas, equipamentos e outros bens incorporados ao ativo imobilizado, adquiridos ou fabricados para locação a terceiros, ou para utilização na produção de bens destinados à venda ou na prestação de serviços" e "edificações e benfeitorias em imóveis próprios ou de terceiros, utilizados nas atividades da empresa".

O quadro 5 sumariza a correspondente carga tributária.

Quadro 5
Carga tributária incidente na aquisição de equipamentos no mercado interno

Tributo	Alíquota	Base de cálculo
IPI	0% a 60%	Valor do produto, frete e demais despesas acessórias
ICMS	19% (Estado do RJ)	Valor do produto

Construção civil da planta a ser utilizada na consecução das atividades-fim do empreendimento

Tal como mencionado, a construção de plantas de qualquer natureza ocorre por meio da celebração de contratos de empreitada global ou parcial de construção civil, os chamados contratos EPC (*engineering, procurement and construction*).

Os rendimentos auferidos pela empreiteira com a prestação dos serviços de construção civil por empreitada global estarão regularmente sujeitos à incidência dos tributos federais sobre a renda e receita, i.e., imposto de renda da pessoa jurídica (IRPJ), contribuição social sobre o lucro (CSLL), PIS e Cofins. Haverá, igualmente, a incidência de contribuições previdenciárias sobre a folha de salários dos trabalhadores envolvidos na execução das obras. O imposto sobre serviços de qualquer natureza (ISSQN) será devido sobre o preço dos serviços, acrescido do valor dos materiais utilizados como insumos na sua prestação. Por fim, sobre o valor da transferência da propriedade dos equipamentos produzidos pela própria empreiteira, incidirá o ICMS, de acordo com a metodologia que adiante será apresentada.

Segue detalhamento sobre a incidência de cada uma das exações tributárias mencionadas.

Imposto de renda da pessoa jurídica (IRPJ), contribuição social sobre o lucro (CSLL)

O IRPJ é apurado mediante dois regimes distintos, quais sejam, (1) lucro real e (2) lucro presumido. Tais regimes estabelecem metodologias de apuração de base de cálculo, apenas. As alíquotas permanecem sendo as mesmas em ambas as hipóteses.

O lucro real será o resultado de ajustes do lucro líquido (receitas – despesas) determinados pela legislação. O lucro presumido, por outro lado, será apurado mediante a aplicação de percentuais sobre a receita bruta. Tais percentuais variam de acordo com a atividade exercida pela empresa. O percentual a ser aplicado sobre a receita bruta para apuração da base de cálculo na atividade de prestação de serviço de construção civil é de 32% quando houver emprego unicamente de mão de obra, e de 8% quando houver emprego de materiais, em qualquer quantidade, conforme o Ato Declaratório Normativo Cosit nº 6, de 1997.

Em conformidade com a Lei nº 9.430/1996, incidem sobre o lucro real ou presumido as alíquotas de 15%. A parcela do lucro real ou presumido que exceder o resultado da multiplicação de R$ 20.000,00 pelo número dos meses do respectivo período de apuração sujeitar-se-á à incidência de adicional, à alíquota de 10%.

A CSLL é devida com base nos mesmos métodos de apuração mencionados, sob uma alíquota de 9%. Diferentemente do que ocorre com o IRPJ, não há a incidência de qualquer adicional sobre os valores que excedam o resultado da multiplicação de R$ 20.000,00 pelo número dos meses do respectivo período de apuração.

Nessas condições, pode-se concluir que a receita auferida pela empreiteira em virtude das obras de construção civil executadas para a contratante sujeitar-se-á ao IRPJ e à CSLL em conformidade com a metodologia de apuração de tais exações utilizada pela empresa. É importante observar, por fim, que, em conformidade com o Parecer Normativo CST nº 8/1986,[85] os pagamentos feitos em favor da empreiteira não estarão sujeitos à retenção do imposto de renda na fonte prevista no art. 647, § 1º, do Decreto nº 3.000/1999.

Finalmente, nos termos do art. 2º da Instrução Normativa (IN) SRF nº 459/2004, o contratante será responsável pela retenção de CSLL, à alíquota de 1% sobre os pagamentos dos serviços prestados pela empreiteira. Os montantes retidos poderão ser considerados, pelo prestador dos serviços, como créditos a serem compensados com o tributo por ele devido.

Contribuições sociais PIS e Cofins

Tal como antes explicitado, os arts. 2º e 3º, § 1º, da Lei nº 9.718/1998 estabeleceram que a apuração e o recolhimento das contribuições PIS e Cofins dar-se-iam mediante a aplicação das alíquotas de 0,65% e 3% sobre a receita bruta auferida pelas empresas.

Mais recentemente, as leis nº 10.637/2002 e nº 10.833/2003 instituíram o chamado regime "não cumulativo" de incidência de tais exações. Tal regime determina o recolhimento dessas contribuições com base na aplicação das alíquotas de 1,65% e 7,6% sobre a receita bruta auferida pelas empresas, além da possibilidade da compensação de créditos escriturais. Tal metodologia é obrigatoriamente aplicável às empresas que apuram o IRPJ com base no regime do lucro real, já abordado.

[85] No mesmo sentido, ver as soluções de consulta nº 103/2005 (10ª Região Fiscal) e nº 23/2006 (4ª Região Fiscal).

A Lei nº 10.833/2003, por seus arts. 10, XX, e 15, V, estabeleceu, contudo, que as receitas resultantes de obras de construção civil permaneceriam, até 31 de dezembro de 2015, sujeitas à sistemática prevista pela Lei nº 9.718/1998.

Sendo assim, até 31 de dezembro de 2015, a receita auferida pelas empreiteiras em virtude da execução das obras de construção civil sujeitou-se à incidência cumulativa das contribuições PIS e Cofins, mediante a aplicação das alíquotas de 0,65% e 3%, respectivamente. Importa observar que tal prazo vem sendo reiteradamente prorrogado pela legislação e permanece em vigor até os dias atuais.

Por fim, de acordo com o art. 2º da IN SRF nº 459/2004, os contratantes de serviços profissionais de qualquer natureza estarão sujeitos à retenção do PIS e da Cofins quando dos pagamentos efetuados em favor dos prestadores. Tal retenção deverá ser efetuada à alíquota de 0,65% e 3% sobre o valor total do pagamento, independentemente do método de apuração e recolhimento – cumulativo ou não cumulativo – a que esteja sujeito o prestador dos serviços.

Contribuições previdenciárias (INSS)

Em conformidade com a Lei nº 8.212/1991, art. 30, VI, o dono da obra, qualquer que seja a forma de contratação da construção, é solidário com o construtor pelo cumprimento das obrigações para com a seguridade social.

De modo a eximir a responsabilidade solidária de ambos os contratantes, o art. 31, § 4º, III, do mesmo diploma estabelece que a empresa contratante de serviços de empreitada parcial de construção civil deverá reter 11% do valor bruto da nota fiscal e recolher a importância retida até o dia 10 do mês subsequente, em nome da empresa construtora.

Ao regulamentar o diploma citado, a IN nº 3/2005, do Ministério da Previdência Social, estabeleceu:

> Art. 145. Estarão sujeitos à retenção, se contratados mediante cessão de mão de obra ou *empreitada, observado o disposto no art. 176*, os serviços de: [...]
> III - *construção civil*, que envolvam a construção, a demolição, a reforma ou o acréscimo de edificações ou de qualquer benfeitoria agregada ao solo ou ao subsolo ou obras complementares que se integrem a esse conjunto, tais como a reparação de jardins ou passeios, a colocação de grades ou de instrumentos de recreação, de urbanização ou de sinalização de rodovias ou de vias públicas [grifos nossos]; [...]

Para as hipóteses de empreitada global, o art. 176, II, referido pelo dispositivo mencionado, estabelece que "não se aplica o instituto da retenção", sendo certo que em tal caso pode ser "observado o disposto no art. 191", cujo texto assim prescreve:

> Art. 191. *A contratante de empreitada total poderá elidir-se da responsabilidade solidária mediante a retenção de onze por cento do valor bruto da nota fiscal*, da fatura ou do recibo de prestação de serviços contra ela emitido pela contratada, a *comprovação do recolhimento do valor retido, na forma prevista no Capítulo IX do Título II*, e a *apresentação da documentação comprobatória do gerenciamento dos riscos ocupacionais, na forma prevista no art. 381, observado o disposto no art. 172*. (Redação dada pela IN MPS SRP nº 20, de 11/01/2007) [grifos nossos].

Em conclusão, o contratante de empreitada total poderá elidir-se da responsabilidade solidária mediante a retenção de 11% do valor.

Em conformidade com o art. 1º da Lei Complementar nº 116/2003, o ISSQN "tem como fato gerador a prestação de serviços constantes da lista anexa, ainda que esses não se constituam como atividade preponderante do prestador". A referida lista anexa prevê, em seu item 7.02, a "execução, por administração, empreitada ou subempreitada, de obras de construção civil [...]".

Muito embora o art. 7º, § 2º, do mesmo diploma legal estabeleça que não se inclui "na base de cálculo do Imposto Sobre Serviços de Qualquer Natureza o valor dos materiais fornecidos pelo prestador dos serviços previstos nos itens 7.02 e 7.05 da lista de serviços anexa a esta Lei Complementar", a Primeira Seção do Superior Tribunal de Justiça (STJ) proferiu, em 2009, acórdão consagrando entendimento contrário. Em face desse acórdão, foi interposto o Recurso Extraordinário nº 599.948/RS, perante o Supremo Tribunal Federal (STF), que o deu provimento, nos seguintes termos:

> DECISÃO: Discute-se neste recurso extraordinário a constitucionalidade da dedução da base de cálculo do Imposto Sobre Serviços – ISS, dos materiais e subempreitadas utilizados na construção civil, na forma prevista no § 2º do artigo 9º do Decreto-Lei n. 406/68.
> 1. O STJ proveu o recurso do ora recorrido, sob o entendimento de que "[a] base de cálculo do ISS é o custo integral do serviço, não sendo admitida a subtração dos valores correspondentes aos materiais utilizados e as subempreitadas" [fl. 532].
> 2. Alega-se, no recurso extraordinário, violação do disposto nos artigos 145, § 1º, 146, inciso III, "a", e 156, inciso III, da Constituição do Brasil.
> 3. Deixo de apreciar a existência da repercussão geral, vez que o art. 323, § 1º, do RISTF dispõe que "tal procedimento não

terá lugar, quando o recurso versar questão cuja repercussão já houver sido reconhecida pelo Tribunal, ou quando impugnar decisão contrária a súmula ou a jurisprudência dominante, casos em que se presume a existência de repercussão geral".

4. O recurso merece provimento. Este Tribunal fixou entendimento no sentido de que a hipótese do art. 9º, § 2º, do decreto-lei n. 406/68 respeita à base de cálculo do ISS incidente sobre atividades da construção civil. Estabeleceu que o preceito não concede isenção tributária, tendo sido recebido pela Constituição do Brasil:

"EMENTA: CONSTITUCIONAL. TRIBUTÁRIO. ISS. CONSTRUÇÃO CIVIL. D.L. 406/68, art. 9º, § 2º, a e b.

I. - Dedução do valor dos materiais e subempreitadas no cálculo do preço do serviço. D.L. 406/68, art. 9º, § 2º, a e b: dispositivos recebidos pela CF/88. Citados dispositivos do art. 9º, § 2º cuidam da base de cálculo do ISS e não configuram isenção. Inocorrência de ofensa ao art. 151, III, art. 34, ADCT/88, art. 150, II e 145, § 1º, CF/88. RE 236.604-PR, Velloso, Plenário, 26.5.99, RTJ 170/1001.

II. - RE conhecido e provido"

[RE n. 214.414, Relator o Ministro Carlos Velloso, DJ de 29.11.02].

Dou provimento ao recurso com fundamento no disposto no art. 557, § 1º -A, do CPC.[86]

Após longa disputa, o Supremo Tribunal Federal firmou entendimento com *status* de repercussão geral nos autos do Recurso Extraordinário nº 603.497/MG, no sentido da possibilidade da dedução do valor dos materiais empregados na construção civil da base de cálculo do ISSQN.

[86] BRASIL. Supremo Tribunal Federal. Recurso Extraordinário nº 599.948/RS. Relator: ministro Eros Grau. Julgamento em 9 de junho de 2009. *DJe*, 31 jul. 2009.

Muito embora existam leis de distintas municipalidades em sentido contrário, a base de cálculo do imposto englobará, além do preço do serviço, apenas o valor dos equipamentos adquiridos de terceiros pela empreiteira e entregues à contratante no curso da prestação de seus serviços e o valor dos equipamentos produzidos pela própria empreiteira no local da prestação dos serviços. Tal como se verá na seção relativa ao ICMS, o valor dos equipamentos produzidos pelo próprio prestador de serviços fora do local da efetiva prestação, por outro lado, não deverá ser incluído na base de incidência do imposto municipal.

Já com relação ao sujeito ativo, será o local da execução da obra o elemento material a defini-lo, conforme estabelece o art. 42, VII, da Lei nº 691/1984, que instituiu o Código Tributário Municipal. Ainda de acordo com a referida lei, serão responsáveis, entre outros casos, os administradores de obras relativas aos serviços descritos nos subitens 7.02, 7.05 e 7.15 da lista do art. 8º, pelo imposto relativo à mão de obra, inclusive de subcontratados, ainda que o pagamento dos serviços seja feito diretamente pelo dono da obra ou contratante.

Com referência à alíquota aplicável, por fim, deve-se observar que, no município do Rio de Janeiro, a Lei nº 691/1984, art. 33, I, estabeleceu a mesma em 5%.

Imposto sobre circulação de mercadoria e serviços (ICMS)

A Lei Complementar nº 116, de 31 de julho de 2003, estabelece, em seu art. 1º, que "o Imposto Sobre Serviços de Qualquer Natureza, de competência dos Municípios e do Distrito Federal, tem como fato gerador a prestação de serviços constantes da lista anexa, ainda que esses não se constituam como atividade preponderante do prestador".

A lista anexa mencionada pelo dispositivo, por sua vez, prescreve, em seu item 7.02:

> 7.02 - Execução, por administração, empreitada ou subempreitada, de obras de construção civil, hidráulica ou elétrica e de outras obras semelhantes, inclusive sondagem, perfuração de poços, escavação, drenagem e irrigação, terraplanagem, pavimentação, concretagem e a instalação e montagem de produtos, peças e equipamentos (*exceto o fornecimento de mercadorias produzidas pelo prestador de serviços fora do local da prestação dos serviços, que fica sujeito ao ICMS*) [grifo nosso].

Como se vê, é a própria Lei Complementar nº 116/2003, de abrangência nacional, que excetua o "fornecimento de mercadorias produzidas pelo prestador de serviços fora do local da prestação dos serviços" da incidência do imposto municipal sobre os serviços, esclarecendo a tributação exclusiva pelo ICMS.

Incorporando o comando citado à legislação estadual do Rio de Janeiro, o Regulamento do ICMS, aprovado pelo Decreto Estadual nº 27.427/2000, previu, em seu art. 2º, V, do Livro I:

> Art. 2º. O imposto incide sobre:
> [...]
> V - Fornecimento de mercadorias com prestação de serviços sujeitos ao imposto sobre serviços, de competência dos municípios, quando a legislação aplicável expressamente o sujeitar à incidência do imposto estadual.

A leitura conjunta da lei complementar e do Regulamento do ICMS deixa claro que o imposto estadual incidirá sobre o fornecimento de mercadoria produzida pelo próprio prestador dos serviços fora do local da prestação, desde que (1) tais serviços estejam "compreendidos na competência tributária dos Municípios" e (2) o fornecimento de materiais se sujeite à incidência do imposto por indicação expressa "da legislação aplicável".

Ambas as circunstâncias se verificam na hipótese ora em análise. De fato, as obras de construção civil por empreitada são previstas no item 7.02 da lista anexa à Lei Complementar nº 116/2003 como compreendidas "na competência tributária dos Municípios". Igualmente, o fornecimento de materiais, "por indicação expressa da legislação aplicável", i.e., por indicação da parte final do mesmo item 7.02 da lista anexa, se sujeita ao ICMS.

Já no que se refere à transferência da propriedade de mercadoria não produzida pelo próprio prestador, o ICMS não será devido, nos termos do art. 47, XVIII, Livro I, do referido regulamento:

> Art. 47. O imposto não incide sobre:
> [...]
> XVIII - operação de fornecimento, pelo estabelecimento prestador dos serviços compreendidos na competência tributária municipal, de mercadoria a ser ou que tenha sido utilizada na prestação de tais serviços, ressalvados os casos de incidência do imposto estadual definidos em lei complementar; [...]

Por fim, resta frisar que, em conformidade com o art. 155, § 2º, VII, "a", da Constituição Federal, "em relação às operações e prestações que destinem bens e serviços a consumidor final localizado em outro Estado, adotar-se-á a alíquota interestadual, quando o destinatário for contribuinte do imposto". Sendo certo que, de acordo com o inciso VIII do mesmo dispositivo, "caberá ao Estado da localização do destinatário o imposto correspondente à diferença entre a alíquota interna e a interestadual".

Dessa forma, sendo a contratante contribuinte do ICMS e consumidora final dos equipamentos produzidos pela própria empreiteira, a operação interestadual de transferência de propriedade dos equipamentos sujeitar-se-á à incidência do imposto estadual. O tributo devido será recolhido (1) conforme a alíquota interestadual, em favor do estado de localização da empreiteira, e (2) sobre a diferença entre as alíquotas interna e interestadual, em favor do estado de localização da contratante.

O quadro 6 sumariza a carga tributária incidente sobre as receitas auferidas pela empreiteira com o contrato de prestação de serviços por empreitada global em favor da contratante.

Quadro 6

Carga tributária incidente sobre as receitas auferidas pela empreiteira

Tributo	Carga tributária	Base legal
IRPJ/CSLL (lucro real)	IRPJ = 15% + 10% / lucro real CSLL = 9% / lucro real	Leis nº 9.249/1995 e nº 9.430/1996
IRPJ/CSLL (lucro presumido)	IRPJ = 15% + 10% / perc. da receita bruta CSLL = 9% / perc. da receita bruta	Art. 15 da Lei nº 9.249/1995 e art. 18 da Lei nº 10.684/2003
PIS/Cofins (cumulativo)	PIS = 0,65% / receita bruta Cofins = 3% / receita bruta	Arts. 3º e 4º da Lei nº 9.718/1998
INSS (empreitada global)	Solidariedade entre prestador e o dono da obra	Art. 176, II, da IN nº 3/2005 do MPS
ISS (Rio de Janeiro)	5% sobre o preço do serviço – materiais + equipamentos adquiridos de terceiros ou produzidos no local da obra	Lei nº 691/1984, art. 33, I
ICMS	12% (interestadual) + 7% (interna) sobre o preço da mercadoria produzida pela própria empreiteira	Decreto nº 27.427/2000, art. 2º, V CRFB/1988, art. 155, § 2º, VII e VIII

Benefícios fiscais na implantação de projetos de infraestrutura

Regime especial de incentivos para o desenvolvimento da infraestrutura (Reidi)

O Reidi, instituído pela Lei nº 11.488, de 15 de junho de 2007, estabelece que, em projetos ligados às áreas de infraestrutura em geral, ficarão suspensas as contribuições PIS e Cofins incidentes sobre a venda e a importação de máquinas, equipamentos e materiais de construção a serem utilizados ou incorporados em obras de infraestrutura destinadas ao ativo imobilizado.

De fato, no art. 3º da mencionada lei consta:

> Art. 3º. No caso de venda ou de importação de máquinas, aparelhos, instrumentos e equipamentos, novos, e de materiais de construção para utilização ou incorporação em obras de infraestrutura destinadas ao ativo imobilizado, fica suspensa a exigência:
> I - da Contribuição para o Programa de Integração Social e de Formação do Patrimônio do Servidor Público PIS/PASEP e da Contribuição para o Financiamento da Seguridade Social – COFINS incidentes sobre a venda no mercado interno quando os referidos bens ou materiais de construção forem adquiridos por pessoa jurídica beneficiária do Reidi;
> II - da Contribuição para o PIS/Pasep-Importação e da Cofins-Importação quando os referidos bens ou materiais de construção forem importados diretamente por pessoa jurídica beneficiária do Reidi.

Ainda em conformidade com o § 2º do mesmo dispositivo legal, a dita suspensão converte-se em alíquota zero "após a utilização ou incorporação do bem ou material de construção na obra de infraestrutura".

Ao regulamentar o diploma legal, o Decreto nº 6.144, de 3 de julho de 2007, deixa claro, em seu art. 13, que "a aquisição de bens ou de serviços com a suspensão prevista no Reidi não gera, para o adquirente, direito ao desconto de créditos apurados na forma do art. 3º da Lei nº 10.637, de 30 de dezembro de 2002, e do art. 3º da Lei nº 10.833, de 2003". Em conformidade com o parágrafo único do mesmo dispositivo, tal vedação à tomada de créditos escriturais somente não será aplicável "quando a pessoa jurídica habilitada ou co-habilitada optar por efetuar aquisições e importações fora do Reidi, sem a suspensão" das exações tributárias.

Como se pode observar, a empresa que opta por adquirir bens ou serviços com o benefício da suspensão do Reidi não detém direito à tomada de créditos escriturais das exações. Vale dizer, o benefício inicialmente concedido pelo regime – a suspensão do PIS e da Cofins incidentes na aquisição de bens ou serviços – termina por assumir natureza muito mais temporal do que material.

Regime especial de tributação para construção, ampliação, reforma ou modernização de estádios de futebol (Recopa)

O Recopa é um regime especial de tributação para construção, ampliação, reforma ou modernização de estádios de futebol com utilização prevista nas partidas oficiais da Copa das Confederações Fifa 2013 e Copa do Mundo Fifa 2014.

Por meio de tal regime, instituído pelo Decreto nº 7.319/2010, suspende-se a exigência das contribuições PIS e Cofins incidentes sobre a receita auferida pela pessoa jurídica vendedora, decorrente da: (1) venda de equipamentos, novos, quando adquiridos por pessoa jurídica habilitada ao regime, para utilização ou incorporação nas obras atreladas aos estádios de futebol com utilização prevista nas partidas oficiais da Copa das Confederações Fifa 2013 e Copa do Mundo Fifa 2014; (2) venda de materiais de construção, quando adquiridos por pessoa jurídica habilitada ao regime, para utilização ou incorporação nas referidas obras; (3) prestação de serviços, por pessoa jurídica estabelecida no país, a pessoa jurídica habilitada ao regime, quando destinados às mesmas obras; (4) locação de máquinas, aparelhos, instrumentos e equipamentos para utilização nas ditas obras, quando contratada por pessoa jurídica habilitada ao regime (art. 2º, I, "a" a "d").

Suspende-se, igualmente, a incidência do imposto sobre produtos industrializados (IPI) devido na saída do estabelecimento industrial de equipamentos e materiais de construção a serem utilizados nas obras atreladas aos estádios, quando a aquisição no mercado interno for efetuada por pessoa jurídica habilitada ao regime (art. 2º, II).

Suspendem-se, ainda, o PIS e a Cofins-importação incidentes sobre importação do exterior de (1) equipamentos novos e materiais de construção, quando importados por pessoa jurídica habilitada ao regime, para incorporação ou utilização nas obras atreladas aos estádios; (2) serviços prestados diretamente por pessoa jurídica habilitada ao regime, quando destinados às referidas obras (art. 2º, III).

Suspende-se, por fim, o IPI e o II na importação de equipamento e materiais de construção, quando a importação for efetuada por pessoa jurídica habilitada ao regime, para utilização na construção dos estádios. Para o II, a suspensão somente se aplica aos bens sem similar nacional (art. 2º, IV e V).

A aquisição de bens ou de serviços com suspensão da exigibilidade de tributos pela aplicação do Recopa não gera, para o adquirente, direito a desconto de créditos. A suspensão converte-se em alíquota zero após a incorporação ou utilização, nos estádios, dos bens ou dos serviços adquiridos ou importados ao amparo do regime (arts. 14 e 15).

Convênio ICMS nº 52/1991

De acordo com tal convênio, fica reduzida a base de cálculo do ICMS nas operações com máquinas, aparelhos e equipamentos industriais mencionados, de forma que a carga tributária fique reduzida e seja equivalente aos seguintes percentuais:

- nas operações interestaduais de saída dos estados das regiões Sul e Sudeste, exclusive Espírito Santo, com destino aos estados das regiões Norte, Nordeste e Centro-Oeste ou ao estado do Espírito Santo, 5,14%, e nas demais operações interestaduais, 8,80%;
- nas operações interestaduais com consumidor ou usuário final, não contribuintes do ICMS, e nas operações internas, 8,80%.

Fica dispensado o estorno do crédito do imposto relativo à entrada de mercadoria cuja operação subsequente seja beneficiada pela redução da base de cálculo de que trata o convênio.

Por fim, efeito de exigência do ICMS devido em razão do diferencial de alíquota, o estado onde se localiza o destinatário dos produtos reduzirá a base de cálculo do imposto de tal forma que a carga tributária total corresponda aos percentuais estabelecidos para as operações internas do produto.

Benefício no estado do Rio de Janeiro – Decreto nº 42.649/2010

O Decreto nº 42.649/2010, por meio de seu art. 1º, concede às empresas industriais comerciais atacadistas e centros de distribuição estabelecidos no Rio de Janeiro crédito presumido de ICMS em operações de saída, para pessoas jurídicas estabelecidas no próprio estado e fora dele, de produtos de informática e eletrônicos relacionados nos capítulos 84, 85 e 90 e os classificados na posição 4821 e subitens 3705.90.10, 3926.90.90, 6909.12.20, 6909.19.20 e 7104.90.00 da Nomenclatura Comum do Mercosul (NCM). Vejamos o que estabelece o art. 1º, *caput* e § 1º, do referido diploma:

> Art. 1º. *A empresa industrial ou comercial atacadista, inclusive centro de distribuição, estabelecida no Estado do Rio de Janeiro que realizar operações de saída com produtos de informática e eletroeletrônicos relacionados nos Capítulos 84, 85 e 90* e os classificados na posição 4821 e subitens 3705.90.10, 3926.90.90, 6909.12.20, 6909.19.20 e 7104.90.00 da Nomenclatura Comum do MERCOSUL – NCM, *poderá lançar um crédito presumido de ICMS de forma que a carga tributária seja equivalente ao percentual de 02% (dois por cento).*
> § 1º. *O valor do crédito presumido a que se refere o caput deste artigo será o resultado da diferença entre o valor do ICMS destacado na nota fiscal de saídas internas e de saídas interestaduais de produtos importados com o benefício do artigo 6º, inciso I, deste Decreto, e o valor resultante da aplicação do percentual de 02% (dois por cento) sobre o valor total dos produtos*, não estando incluída a parcela referente ao Fundo Estadual de Combate à Pobreza e às Desigualdades Sociais – FECP, de que trata a Lei estadual nº 4.056, de 30 de dezembro de 2002, a qual deverá ser recolhida normalmente, nos prazos e formas estabelecidas [grifos nossos].

O art. 6º, I, a que faz referência o § 1º, estabelece, por sua vez:

> Art. 6º. *Fica diferido o pagamento do ICMS e do FECP incidentes nas operações abaixo relacionadas, para pagamento no momento da saída da mercadoria beneficiada* ou não, do estabelecimento

> do adquirente de que trata o artigo 1º deste Decreto, *recolhido de forma global com o tributo próprio incidente naquela operação* ou, no caso de ativo fixo, para recolhimento no momento da alienação do bem, pelo valor calculado com base no preço de mercado, à época da alienação:
> I - *operação de importação realizada diretamente por empresa industrial ou comercial atacadista ou por sua conta e ordem*, das mercadorias relacionadas nos capítulos, posição e subitens mencionados no caput do artigo 1º deste Decreto [grifos nossos].

A leitura desses dispositivos deixa claro que o benefício concedido permite, além do diferimento do pagamento do ICMS devido na operação de importação, a utilização de crédito presumido de modo a que a carga tributária total do imposto incidente nas operações de importação e posterior saída das mercadorias mencionadas seja equivalente a 2%, acrescida de 1% devido ao Fundo Especial de Combate à Pobreza.

Em outras palavras, o decreto em tela permite que: (1) seja diferido, para o momento da saída da mercadoria, o pagamento do ICMS e do FECP incidentes nas operações de importação realizadas diretamente pela empresa ou por sua conta e ordem;[87] (2) seja lançado um crédito presumido de modo que a carga tributária global na operação de importação e posterior saída seja de 2% acrescida de 1% relativo ao FECP.

Benefício no município do Rio de Janeiro – Lei nº 5.230/2010

A referida lei institui incentivos e benefícios fiscais destinados a fomentar o setor hoteleiro para realização da Copa do Mundo de 2014 e dos Jogos Olímpicos e Paraolímpicos de 2016.

[87] Note-se que a importação por encomenda não faz jus ao benefício ora em estudo.

Concede remissão de créditos tributários de imposto sobre a propriedade territorial urbana (IPTU) e isenção de imposto sobre a transmissão de bens imóveis (ITBI) relativos aos imóveis adquiridos até 31 de dezembro de 2012 que venham a ser utilizados como hotel, albergue, *resorts* ou pousadas.

Tal diploma reduz, ainda, a alíquota do ISSQN para 0,5% para os serviços de construção civil atrelados às obras relativas aos empreendimentos hoteleiros mencionados.

Por fim, concede-se isenção: (1) de ISSQN para atividades diretamente relacionadas à realização da Copa das Confederações de 2013, da Copa do Mundo de 2014 e dos Jogos Olímpicos e Paraolímpicos de 2016, bem como (2) de IPTU e ITBI para imóveis utilizados pelo Comitê Organizador dos Jogos Olímpicos.

Questões de automonitoramento

1) Após ler este capítulo, você é capaz de resumir o caso gerador, identificando as partes envolvidas, os problemas atinentes e as possíveis soluções cabíveis?
2) É possível apurar a carga tributária total na aquisição de equipamento no mercado nacional?
3) É possível apurar a carga tributária total na importação de equipamento do exterior?
4) É possível apurar a carga tributária total na contratação de serviço de construção civil na modalidade empreitada global?
5) Quais os impactos dos benefícios fiscais apresentados sobre as operações citadas?
6) Pense e descreva, mentalmente, outras alternativas para a solução do caso gerador.

4

Sugestões de casos geradores

Setor financeiro (cap. 1)

Qual o tratamento fiscal que o comprador deve considerar quando estiver realizando uma antecipação de recebíveis? Como o fisco considera este desconto?

Setor mineral (cap. 2)

Supondo que tenha sido concedido um benefício fiscal, por meio de um decreto expedido pelo governador do estado, para concessão de crédito presumido de modo que a carga tributária do ICMS seja reduzida de 18% para 7% relativamente às rochas ornamentais. Considerando-se que o benefício foi concedido sem a edição de convênio do Confaz e diante do disposto no art. 155, § 2º, da CRFB/1988, pergunta-se:

1) Esse decreto é legal ou constitucional?
2) Em caso de declaração de inconstitucionalidade dessa norma, *incidenter tantum*, poderia haver modulação dos efeitos

pelo STF? Seria possível à fiscalização cobrar a diferença do imposto retroativamente?

Setor imobiliário (cap. 3)

A eleição da cidade do Rio de Janeiro como sede da Copa do Mundo de Futebol de 2014 e dos Jogos Olímpicos e Paraolímpicos de 2016 causou grande comoção nacional. As precárias condições de infraestrutura da futura cidade anfitriã não permitiam que autoridades dos três níveis de governo postergassem a adoção de medidas de incentivo ao investimento em setores direta ou indiretamente ligados à realização dos grandes eventos esportivos. De fato, não somente faltavam instalações esportivas capazes de receber as competições, mas também a própria cidade não era dotada de capacidade instalada para acomodar, transportar, alimentar, receber, enfim, atletas, delegações, repórteres, autoridades etc. Era necessária uma revolução, e os investimentos para implementá-la não poderiam ser somente públicos. Foram adotadas, assim, medidas que igualmente desoneravam o custo de tomada de capital e a tributação federal, estadual e municipal sobre os investimentos.

Diante de tal cenário, e no embalo das reuniões de negócios realizadas por ocasião da visita de seu presidente ao Brasil, grupo de investidores norte-americanos decidiu constituir e capitalizar uma sociedade *holding* para a construção de um estádio de futebol nos arredores da região da Barra da Tijuca, bem como um hotel na região portuária. Ambos os projetos foram aprovados pelos órgãos governamentais e não governamentais competentes e, por tal razão, esses empreendimentos farão oficialmente parte do aparato a ser utilizado na realização dos eventos esportivos.

Pergunta-se:

1) Qual seria a carga tributária total incidente na implementação de cada um dos empreendimentos?
2) Quais seriam os possíveis benefícios fiscais aplicáveis aos referidos projetos?
3) De que modo os referidos benefícios fiscais influenciariam a carga tributária total apontada originariamente?

Referências

ATALIBA, Geraldo; GIARDINO, Cléber. ICM e IPI: direito de crédito, produção e mercadorias isentas ou sujeitas à alíquota zero. *Revista de Direito Tributário*, São Paulo, n. 46, p. 73-89, out./dez. 1988.

BALEEIRO, Aliomar. ICM sobre a importação de bens de capital para uso do importador. *Revista Forense*, Rio de Janeiro, v. 250, abr./jun. 1975.

BASTOS, C. R. *Curso de direito financeiro e de direito tributário*. 5. ed. São Paulo: Saraiva, 1997.

CARRAZZA, Roque Antonio *ICMS*. 7. ed. São Paulo: Malheiros, 2001.

____. *Imposto sobre a renda*. São Paulo: Malheiros, 2005.

CHIESA, Clélio. *ICMS*: sistema constitucional tributário. São Paulo: LTr, 1998.

COÊLHO, Sacha Calmon Navarro; DERZI, Misabel Abreu Machado. ICMS – Direito de creditamento – Princípio da não cumulatividade. *Revista Dialética de Direito Tributário*, São Paulo, n. 102, p. 141-156, 2004.

DENARI, Zelmo. *Curso de direito tributário*. 3. ed. Belém: Cejup, 2002.

EMMERSON, Carl. *No Reino Unido, investir na previdência privada é o caminho mais vantajoso do ponto de vista tributário*: as contribuições são isentas de imposto de renda e todos os retornos referentes a fundos por ela administrados estão também isentos. Disponível em: <www.ifs.org.uk>. Acesso em: 19 mar. 2011.

FEIGGELSON, Bruno. *Curso de direito minerário*. São Paulo: Saraiva, 2012.

LEÃES, Luiz Gastão P. de Barros. O conceito de "security" no direito norte-americano e o conceito análogo no direito brasileiro. *Revista de Direito Mercantil*, São Paulo, n. 14, p. 41-60, 1974.

LOBO, Carlos Augusto da Silveira. Os valores mobiliários. *Revista do Direito Bancário e do Mercado de Capitais*, v. 10, n. 36, p. 27-42, abr./jun. 2007.

MACHADO, Hugo de Brito. *Temas de direito tributário*. São Paulo: Revista dos Tribunais, 1994.

MEDINA FILHO, Antonio José. *Determinantes do investimento direto no Brasil*. Dissertação (mestrado) – UFMG, Belo Horizonte, 2005.

MELLO, José Eduardo Soares de. *ICMS teoria e prática*. São Paulo: Dialética, 1996.

____. *Os convênios ICMS antes e depois da Emenda 33/2001*: o ICMS e a EC 33. São Paulo: Dialética, 2002.

MENDONÇA, J. X. Carvalho de. *Tratado de direito comercial brasileiro*. 3. ed. Rio de Janeiro: Freitas Bastos, 1938. Parte I.

MENEZES, Vitor. A ficção dos royalties: regras de repasse foram construídas em bases tão vulneráveis quanto discutíveis. *Petróleo, Royalties & Região* (Boletim da Universidade Candido Mendes), ano VII, n. 26, dez. 2009. Disponível em: <http://royaltiesdopetroleo.ucam-campos.br/wp-content/uploads/2017/03/boletim-2009-12.pdf>. Acesso em: 5 set. 2017.

OLIVEIRA, Marcos Cavalcante de. *Moeda, juros e instituições financeiras*: regime jurídico. Rio de Janeiro: Forense, 2009.

PAULIN, Luís Alfredo. Transferência de cédula de crédito bancário sem coobrigação: responsabilidade de instituição financeira por inadequada análise de crédito e desrespeito ao princípio da boa-fé objetiva. *Revista do Direito Bancário e do Mercado de Capitais*, v. 11, n. 39, p. 32-55, jan./mar. 2008.

PAULSEN, Leandro. *Direito tributário, Constituição e Código Tributário à luz da doutrina e da jurisprudência*. Porto Alegre: Livraria do Advogado, 2014.

QUIROGA, Roberto Mosquera. *Tributação no mercado financeiro e de capitais*. São Paulo: Dialética, 1999.

TORRES, Ricardo Lobo. *Direito financeiro e tributário*. 2. ed. Rio de Janeiro: Renovar, 1995.

____. *Curso de direito financeiro e tributário*. 11. ed. Rio de Janeiro: Renovar, 2004.

Organizadores

Na contínua busca pelo aperfeiçoamento de nossos programas, o Programa de Educação Continuada da FGV DIREITO RIO adotou o modelo de sucesso atualmente utilizado nos demais cursos de pós-graduação da Fundação Getulio Vargas, no qual o material didático é entregue ao aluno em formato de pequenos manuais. O referido modelo oferece ao aluno um material didático padronizado, de fácil manuseio e graficamente apropriado, contendo a compilação dos temas que serão abordados em sala de aula durante a realização da disciplina.

A organização dos materiais didáticos da FGV DIREITO RIO tem por finalidade oferecer o conteúdo de preparação prévia de nossos alunos para um melhor aproveitamento das aulas, tornando-as mais práticas e participativas.

Sérgio Guerra – diretor da FGV DIREITO RIO

Pós-doutor em administração pública pela Ebape/FGV. Doutor e mestre em direito. *Visiting researcher* na Yale Law School (2014). Coordenador do curso International Business

Law – University of California (Irvine). Editor da *Revista de Direito Administrativo* (RDA). Consultor jurídico da OAB/RJ (Comissão de Direito Administrativo). Professor titular de direito administrativo, coordenador do mestrado em direito da regulação e diretor da FGV DIREITO RIO.

Joaquim Falcão – professor da FGV DIREITO RIO

Doutor em educação pela Université de Génève. *Master of Laws* (LL.M) pela Harvard University. Bacharel em direito pela Pontifícia Universidade Católica do Rio de Janeiro (PUC-Rio).

Rafael Alves de Almeida – coordenador da pós-graduação *lato sensu* da FGV DIREITO RIO

Doutor em políticas públicas, estratégias e desenvolvimento pelo Instituto de Economia da Universidade Federal do Rio de Janeiro (UFRJ). *Master of Laws* (LL.M) em *international business law* pela London School of Economics and Political Science (LSE). Mestre em regulação e concorrência pela Universidade Candido Mendes (Ucam). Formado pela Escola de Magistratura do Estado do Rio de Janeiro (Emerj). Bacharel em direito pela UFRJ e em economia pela Ucam.

Colaboradores

Os cursos de pós-graduação da FGV DIREITO RIO foram realizados graças a um conjunto de pessoas que se empenhou para que eles fossem um sucesso. Nesse conjunto bastante heterogêneo, não poderíamos deixar de mencionar a contribuição especial de nossos professores e assistentes de pesquisa em compartilhar seu conhecimento sobre questões relevantes ao direito. A FGV DIREITO RIO conta com um corpo de professores altamente qualificado que acompanha os trabalhos produzidos pelos assistentes de pesquisa envolvidos em meios acadêmicos diversos, parceria que resulta em uma base didática coerente com os programas apresentados.

Nosso especial agradecimento aos colaboradores da FGV DIREITO RIO que participaram deste projeto:

Afonso Henrique Cordeiro

Mestre em direito tributário pela Universidade Estácio de Sá (Uesa). Graduado em direito pela Faculdade de Direito Candido

Mendes (Ucam). Especialista em direito minerário e tributário. Sócio do escritório Cordeiro, Gontijo e Oliveira Advogados.

Alessandra Cristina Nascimento da Mota

Mestra em direito econômico e desenvolvimento pela Universidade Candido Mendes (Ucam). Especialista em planejamento tributário pelo Instituto Brasileiro de Planejamento Tributário (IBPT), com MBA executivo em auditoria fiscal e tributária pela Fundação de Apoio Cefet-RJ (Funcefet/IDHGE). Graduada bacharel em direito pela Universidade Federal do Estado do Rio de Janeiro (Unirio). Advogada, coordenadora do Núcleo de Acompanhamento Legislativo da Federação das Indústrias do Estado de São Paulo (Fiesp).

André Mendes Moreira

Doutor em direito econômico e financeiro pela Universidade de São Paulo (USP). Professor adjunto de direito tributário da Universidade Federal de Minas Gerais (UFMG). Diretor da Associação Brasileira de Direito Tributário (Abradt).

Décio Barbosa

Engenheiro especializado em assuntos tributários na área de petróleo e gás natural. Trabalhou na Petrobras, na Secretaria da Receita Federal do Ministério da Fazenda e na Agência Nacional do Petróleo (ANP). Participou de projetos na África do Sul, em Angola, nos Estados Unidos, em Moçambique e na Noruega.

Eduardo Telles

Mestre em direito tributário pela Universidade Candido Mendes (Ucam). Procurador do estado do Rio de Janeiro.

Advogado no Rio de Janeiro, sócio de Tauil & Chequer Advogados Associados a Mayer Brown LLp. Coordenador e professor de direito tributário em cursos de pós-graduação da FGV DIREITO RIO. Professor de direito tributário em cursos de pós-graduação da Pontifícia Universidade Católica do Rio de Janeiro (PUC-Rio), da Ucam, da Universidade Federal Fluminense (UFF), da Escola de Magistratura do Estado do Rio de Janeiro (Emerj) e do Instituto Brasileiro de Mercado de Capitais (Ibmec).

Enrico Estefan Mannino

Master of Laws (LL.M) pela Georgetown University. Bacharel em direito pela Universidade do Estado do Rio de Janeiro (Uerj). Atua como advogado tributarista.

Gypsi Canetti

Graduada em comunicação social, com habilitação em jornalismo impresso, pela Faculdade da Cidade. Atua no mercado editorial como copidesque e revisora de livros tanto nas áreas técnica e científica quanto na literária. Faz parte da equipe da FGV DIREITO RIO e é uma das responsáveis pela revisão do material didático dos cursos de extensão e especialização.

Leila Peccini

Pós-graduada em mercado de capitais pelo Instituto Brasileiro de Mercado de Capitais (Ibmec). Pós-graduada em direito tributário pela Universidade Estácio de Sá (Unesa). Consultora independente na área de fundos de investimento e tributação aplicada ao mercado financeiro e de capitais.

Marina Cyrino

Master of Laws (LL.M) em *tax law* pela Northwestern University School of Law. Pós-graduada em direito tributário pelo Instituto Brasileiro de Estudos Tributários (Ibet). Graduada em direito pela Universidade do Estado do Rio de Janeiro (Uerj). Atua como advogada.

Ricardo Lacaz Martins

Doutor e mestre em direito econômico e financeiro pela Faculdade de Direito da Universidade de São Paulo (USP). Autor do livro *Tributação da renda imobiliária* (Quartier Latin, 2011).

Tatiana Biar

Mestranda em direito tributário aplicado pela FGV (São Paulo). Pós-graduada em direito corporativo (*Master of Laws* – LL.M) pelo Instituto Brasileiro de Mercado de Capitais (Ibmec). Pós-graduada em direito tributário *lato sensu* pelo Instituto Brasileiro de Estudos Tributários (Ibet). Especialista em direito tributário internacional pela Universidade Federal Fluminense (UFF). Especialista em direito tributário pela FGV DIREITO RIO. Atuou como advogada e coordenadora em grandes bancas jurídicas. Sócia fundadora do escritório Barbosa e Biar Advogados Associados.

Valéria Barcellos

Bacharel em direito pela Universidade do Estado do Rio de Janeiro (Uerj). Pós-graduada em direito tributário e em direito societário pela FGV DIREITO RIO. Cursos de especialização:

Orientation in the US Legal System (International Law Institute, Georgetown University – Washington DC); Principles of International and Comparative Taxation (IBFD International Tax Academy – Amsterdã). Sócia do escritório Silveira, Athias, Soriano de Mello, Guimarães, Pinheiro & Scaff Advogados desde 2007, coordenando a unidade do Rio de Janeiro.

Este livro foi impresso nas oficinas gráficas da Editora Vozes Ltda.,
Rua Frei Luís, 100 – Petrópolis, RJ.